Kurt Haller

Gott selber sieht da lächelnd zu

Kurt Haller

Gott selber sieht da lächelnd zu

Aus dem Leben des Mario Borgogno

EUGEN SALZER-VERLAG HEILBRONN

Umschlaggestaltung: Klaus Pohl
Gesamtherstellung: Gutmann, Heilbronn
Printed in Germany · ISBN 3 7936 0314 8

Wir sollen heiter Raum um Raum durchschreiten,
An keinem wie an einer Heimat hängen,
Der Weltgeist will nicht fesseln uns und engen,
Er will uns Stuf' um Stufe heben, weiten.
Kaum sind wir heimisch einem Lebenskreise
Und traulich eingewohnt, so droht Erschlaffen,
Nur wer bereit zu Aufbruch ist und Reise,
Mag lähmender Gewöhnung sich entraffen.

Hermann Hesse, Stufen

Vorwort

In einer Zeit, in der immer mehr Menschen zu der Einsicht gelangen, daß gutes Essen und teure Kleidung, schicke Autos und weite Reisen »nicht alles« sind – daß es irgendwie mehr geben muß zwischen Himmel und Erde – möchte ich Ihnen heute einen Mann vorstellen, dessen Dasein Zeugnis ablegt von einer geistigen Wirklichkeit, die außerhalb unseres Wahrnehmungsvermögens existiert. Denn Mario Borgogno ist ein Grenzgänger zwischen hier und dort.

Zudem, und dies scheint von noch unmittelbarerer Bedeutung, bietet sein Leben immer wieder Beispiele dafür, wie einem Antwort wird auf Glauben und Gebet. Gebet und Glauben aber bedeuten vielen Menschen nichts mehr. Statt ihrer verbergen sich in den Gemütern Zweifel und Angst, Unsicherheit und Leere. Doch an Vorgelebtem, in den Fährnissen des Alltags Bewährtem, kann man sich orientieren und daraus lernen, selbst solche tiefverankerten Wurzeln zu schlagen. Aus beiderlei Gründen und weil ich bislang keinem glaubwürdigeren und bescheideneren Mann begegnet bin, kam ich zu der Über-

zeugung, daß dieses Leben zu wertvoll ist, als daß man es unbeachtet übergehen sollte.
In dieser Biographie ist es mein Anliegen, größtmögliche Nähe zwischen Mario – so ruft ihn jedermann – und Ihnen, den Lesern, herbeizuführen. Darum habe ich ihn gebeten, seine Erinnerungen auf Band zu sprechen. Was Sie also im folgenden lesen, entspricht weitgehend seinen eigenen Schilderungen und Gedanken.
Bewußt verzichten Mario und ich darauf, zu den Ereignissen Beweise aufzuführen, wie etwa Zeitungsausschnitte, Geburtsurkunden usw. Sie sind im Original in Marios Alben abgeheftet. Es geht uns nicht darum, zu beweisen, sondern zum Nachdenken anzuregen. Abseits aller wissenschaftlichen Akribie wollen wir eine breite Leserschicht mit einer Welt konfrontieren, die hinter dem Vordergründigen, das uns tagaus tagein beschäftigt, den unsichtbaren Hintergrund bildet.

Bruder Adjutus und sein sechster Sinn

Nicht um Urlaub zu machen, auch nicht der Geschäfte wegen, nein, nur um einen einfachen älteren Mann zu besuchen, der kaum einen Volksschulabschluß nachweisen kann, fuhr ich, aus Deutschland kommend, per Bahn über den Gotthard nach Italien. Mittellos ist er auch, zu dem ich reise – und ein Krüppel. Doch als er siebzehn war, konnte er bereits fliegen wie eine Schwalbe und durch der Paläste Mauern schreiten, als gäbe es sie nicht. Wie solches geschieht, werden Sie bald erfahren und sich darüber ihr eigenes Urteil bilden, wie es vor Ihnen Männer der Kirche und der Wissenschaft getan haben. Stellvertretend für all diese Gelehrten darf ich Herrn Professor Dr. Dr. Andreas Resch nennen, der als Theologe seit 1969 an der päpstlichen Lateran-Universität in Rom lehrt und seit über fünfzehn Jahren das Institut für Grenzwissenschaften in Innsbruck leitet.

Der Zug hatte bereits den Tessin überquert und stürmte nun den Luganer See entlang. Ich saß im leergewordenen Abteil und dachte darüber nach, wie Mario mir eines Tages von seinen Jahren im Kloster erzählt hatte.

»Im Juli 1938«, fing er an, »im Alter von sechzehn Jahren – und lange schon Waise – wurde ich bei den Franziskaner-Patern des Klosters Rovereto bei Trient in Südtirol als Zögling und Anwärter auf die Novizenschaft aufgenommen.

Obwohl man, wenn man in ein Kloster eintritt, am Eingang seinen Willen abgeben muß, fühlte ich mich dort wohl. Ich fand liebevolle Aufnahme, hatte eine kleine Zelle und besaß so nach langen Jahren wieder ein Zuhause. Ich wurde einem älteren Laienbruder zugeteilt, dem ich unterstand. Er war Schneider und hieß Bruder Diego Didacus.

Vormittags war ich Meßdiener. Da hieß es um 4.00 Uhr in der Frühe aufstehen. Dann gingen wir hinunter in die Kapelle beim städtischen Friedhof. Dort wurde die Heilige Messe gelesen. Um 10.00 Uhr kehrten wir ins Kloster zurück. Nun war Rastzeit. Nachmittags arbeitete ich in der Schneiderei oder half beim Hostienbacken oder indem ich die Kirche reinigte. Nach dem Abendessen hatte ich Freizeit, und hernach ging's bald ins Bett. Ich fühlte mich glücklich und zufrieden. Wollte nur Laienbruder werden, kein Priester – aber es kam anders.

Nach drei Jahren, 1941, wurde ich in das Noviziat nach Arco versetzt. Dort ging es strenger zu: Man mußte viel lernen, durfte weit weniger sprechen, und die Anzahl der Gebete pro Tag steigerte sich. Es ging alles ganz gut, und ich freute mich. Nach sechs Monaten fand eine Zwischenbeurteilung statt, eine geheime Abstimmung der Patres. Jeder von ihnen konnte eine weiße oder eine schwarze Kugel unter eine Decke legen, die über einen Teller gebreitet war. Als man die Decke abnahm, enthielt mein Teller mehr schwarze als weiße. Das tat mir sehr leid, denn es bedeutete, daß ich das Noviziat abbrechen und wieder nach Rovereto zurückkehren mußte. Ab jetzt durfte ich nicht mehr das Ordenskleid tragen. Ich besaß zwar etwas mehr Freiheit, gehörte aber nicht mehr so zur Familie der Patres.

Ich wollte natürlich herausbekommen, weshalb man mich abgeschoben hatte. Zuerst dachte ich, es könnte an meiner zarten Konstitution gelegen haben; doch nach und nach schien mir ein anderer Grund viel wahrscheinlicher: Meine Träume und Visionen. Solche Erscheinungen wurden damals von der Kirche geleugnet, und die Klosterleute hatten davon Abstand zu nehmen.

Im Februar 1939 war es nämlich gewesen, als ich in aller Frühe zu Bruder Didacus hinüberrannte und ohne Unterlaß klagend ausrief:

›Der Papst ist gestorben, der Papst ist gestorben!‹ Bruder Didacus war ein lieber Mensch und stand mit beiden Beinen fest auf der Erde. Daher antwortete er:
›Guter Bruder Adjutus – das war mein Klostername – du bist verrückt! Wie kannst du so etwas Schreckliches behaupten! Stimmt etwas nicht mit dir?‹
Da verstand ich mich selbst nicht mehr; traurig schlich ich in meine kleine Zelle zurück und grübelte darüber nach, was mit mir los sei.
Ja, ich hatte geträumt in dieser Nacht vom 10. auf den 11. Februar 1939. Geträumt, ich trete durch die Mauern eines Palastes und befinde mich in einem weiträumigen Saal. Auf der rechten Seite sehe ich ein merkwürdiges Bett mit einem Baldachin und Gardinen an den Seiten, um das Licht abzuhalten. Ich sehe einen Priester diesen Raum betreten – nein, es muß ein Prälat sein, da mir das Violett in seinem Ornat auffällt. Er nähert sich dem Bett und schon ertönt sein Schrei: ›E morto il Papa, e morto il Papa!‹ – ›Der Papst ist gestorben, der Papst ist gestorben!‹ Und er stürzt hinaus.
Jetzt nähere ich mich – trage ein braunes Ordenskleid mit dem Rosenkranz an der Seite und dem Zingulum, der weißen Wollschnur, um den Leib. Bin barfuß, fühle Leid. Auf dem Bett liegt ein

älterer Mann, es ist Papst Pius XI. Sein Gesicht hat einen heiteren Ausdruck, als wäre er nur eingeschlafen. Nach kurzem Verweilen verlasse ich den Raum, wie mir scheint, wiederum durch die Mauer.

Und jetzt halten sie mich alle für verrückt, mußte ich denken. Während ich versuchte, mit meiner Enttäuschung fertig zu werden, ging ich meiner Arbeit nach, wie alle Tage.

Am Vormittag desselben Morgens kam der Oberste des Klosters, Pater Guardia, zu Bruder Didacus und hielt eine Zeitung auf dem Rükken.

›Bruder Didacus‹, fragte er, ›weißt du, was heute morgen geschehen ist?‹

Bruder Didacus lächelte ein wenig, schaute zu mir, der ich gerade vom Meßdienen gekommen war, und sprach spöttelnd:

›Ja, selbstverständlich, der Papst ist gestorben!‹

›Woher weißt du das?‹ wunderte sich Pater Guardia.

›Ja, Adjutus kam schon heute früh um 4 Uhr dahergerannt und klagte in einem fort: Der Papst ist tot, der Papst ist tot! Ich sagte ihm gleich, daß er spinnt.‹

›Nein, nein, er hat recht. Hier, lies die Zeitung!‹ und er zeigte sie her. Es war eine Sonderausgabe mit der Nachricht vom Tod des Papstes.

Da blickte mich Bruder Didacus groß an und sprach:
›Bruder Adjutus, ich habe dich als Narren behandelt, es tut mir leid.‹
Am Nachmittag kam eine Persönlichkeit des Ordens, einer, dem alle Klöster der Provinz unterstellt waren. Er war ein gütiger, alter Pater. Und man hatte ihm natürlich sofort mitgeteilt, ich sei im Traum in Rom im Zimmer des Papstes gewesen. Also fragte er mich:
›Vielleicht hast du noch mehr gesehen im Traum, Bruder Adjutus, willst du es mir nicht erzählen?‹
›Ja‹, antwortete ich, ›gesehen habe ich noch mehr, aber ich traue mich nicht, es preiszugeben. Ich fürchte, keiner wird mich ernstnehmen.‹
Aber schließlich gab ich dem Drängen des ehrwürdigen Paters nach und erzählte ihm die Fortsetzung meines Traumes.

Ich befinde mich erneut in Rom. Fliege über den Dächern und Straßen. Trage nun ein goldgelbes Ordenskleid, und mein Herz ist voll Freude. Jetzt sehe ich unter mir einen riesigen Platz, von einer Menschenmenge überfüllt. Davor, Richtung Norden, eine sehr große Kirche mit vielen Statuen – das ist wohl eine Kathedrale? Direkt vor mir tritt ein Mann in weißem Ornat mit einem

goldenen Brustkreuz vor die vielen Priester und Würdenträger. Plötzlich höre ich einen Freudenschrei:
›Es lebe Papa Pacelli! Es lebe der neue Papst!‹
Dann ungeheurer Beifall. Jetzt höre ich noch eine Stimme, die mitteilt: ›Er ist mit dem dritten Rauch gewählt worden!‹
Wogen der Begeisterung haben die vielen Menschen unter mir erfaßt. Beglückt und frohen Sinnes schwebe ich noch einige Male über das weite Rund des Platzes.

›So so!‹ äußerte sich mein Zuhörer, ›das ist ja interessant. Jetzt wollen wir mal einige Zeitschriften mit Bildern von Kardinälen und Bischöfen holen. Dann kannst du uns zeigen, welchen davon du im Traum als Papst hast heraustreten sehen.‹
Bis die entsprechenden katholischen Schriften herbeigeschafft waren, beschrieb ich schon mal den neuen Papst:
›Es ist ein magerer, fast strenger Herr.‹ Und als mir dann die Abbildungen vorgelegt wurden, deutete ich mit dem Finger sofort auf einen bestimmten Würdenträger und sagte:
›Dieser wird der neue Papst sein! Und‹, fügte ich hinzu, ›er wird mit dem dritten Rauch gewählt werden.‹

In der Tat starb Papst Pius XI, Achille Ratti, am 11. 2. 1939, und Papst Pius XII, Eugenio Pacelli, wurde am 2. 3. 1939 gewählt.
Nun, daran war nicht zu rütteln, das war den Patres offenkundig. Aber es gab ihnen trotzdem zu denken. Was für einer mochte dieser Frater Adjutus wohl sein, der entgegen aller kirchlichen Lehre solche nächtliche Hellseherei betrieb.

Darüber hinaus ereigneten sich noch andere, nicht minder bedenkliche Vorkommnisse, die allesamt, wie auch das nachfolgende Ereignis, kaum dazu beitrugen, mich bei den Oberen des Klosters in günstigeres Licht zu setzen.
Eines Tages berichtete mir Bruder Didacus, demnächst werde ein Laienbruder namens Anton, der schon viele Jahre im Kloster verbracht hatte, die ewige Profess feiern. Bei diesem Fest legt ein Mönch die großen Gelübde ab und geht damit eine lebenslange Bindung mit der Kirche ein. Die Verwandten reisen an, und diese seltene Feier gerät zur Freude für die ganze Provinz. Ewige Profess – das ist wie eine Hochzeit mit der Kirche.
›Hilfst du mir, Bruder Adjutus?‹ sprach Bruder Didacus, ›wir wollen die Kirche diesmal besonders gründlich reinigen und danach mit vielen Blumen schmücken!‹

Da begann ich zu weinen. Besorgt fragte Bruder Didacus:
›Warum weinst du?‹
›Nein, nein‹, schluchzte ich zitternd, ›ihr dürft dieses Fest nicht feiern. Das bringt Schande über das ganze Kloster. Ich habe es in Bruder Antons Augen gelesen. Er ist kein guter Frater – und irgendetwas Schwerwiegendes ist mit seinem Klosterleben nicht zu vereinbaren. Bitte wartet mit der Feier noch dreißig Tage!‹
Aber weder Bruder Didacus noch sonstwer im Kloster gab etwas auf mein tränenreiches Lamentieren; man schüttelte nur den Kopf über eine solch grundlose Anschuldigung. Unter großer Anteilnahme der Öffentlichkeit wurde das Fest begangen. Für mich aber war es ein Trauertag . . .

Das Klosterleben nahm seinen gewohnten Lauf. Nach dreißig Tagen aber kam ein derart schokkierender Vorfall ans Licht, daß man Bruder Anton mit Schimpf und Schande aus dem Kloster jagen mußte.
›Ach, hätten wir nur auf dich gehört und die Feier verschoben‹, bedauerte Bruder Didacus.

Ich glaube, daß diese und andere ähnliche Voraussagen Bedenken auslösten, mich im Kloster zu behalten. Dennoch fühle ich mich auch heute noch als Laienbruder – ein Mann kann Mönch sein auch ohne Kutte ... es ist die Stimmung des Herzens, die ihn dazu macht. Ich sehe mich in vielen Träumen als Laienbruder gekleidet bei Kranken, bei Sterbenden, bei Unglücksfällen und bei Geburten. Vielleicht spiegelt sich da mein innerer Wunsch, Bruder zu sein. Die Hauptsache aber ist, daß das Herz rein und offen ist und die Flamme der Nächstenliebe nie durch egoistische Wünsche gelöscht wird. Es gibt nur eines, was ich meinen Mitmenschen geben kann, das Gebet. Und ich hoffe«, so beschloß Mario den Bericht über seine Klosterzeit, »daß ich eines Tages, wenn Gott mich zu sich holt, drüben einen Platz als ganz kleiner Mönch finde.«

Ein Waisenkind

Der »Rapido« eilte nun bereits durch die Poebene – südliche Landschaft, Äcker, Obstbau, Gehöfte. Die mitgenommenen Vesperbrote hatte ich, ein altes Übel, gleich nach dem Platznehmen im Zug, auf den ersten Kilometern schon, vertilgt. Daher saß ich jetzt – es ging auf Mittag zu – im Speisewagen und verzehrte mit Genuß eine Rindsroulade mit Gemüse, an die sich ein Eisbecher anschloß. So üppig traf es der kleine Mario, der Mariotti, nicht an, als er am 26. 7. 1922 in Meran in Südtirol, als kümmerliches Sieben-Monatsbaby durch Kaiserschnitt das Licht dieser Welt erblickte und seinen Eltern in die Wiege gelegt wurde.

Die Borgognos wohnten in einem großen Eisenbahnerhaus nahe den Geleisen, denn der Vater arbeitete bei der Bahn.

In früheren Jahren war er die Strecke Trient – Venedig gefahren. Diesen Zug benützte auch Joseppina, die Mutter, als sie die Nähschule besuchte – und so lernten sie sich kennen und lieben – und heirateten. Doch bald begannen dunkle Wolken über den Himmel der jungen Familie zu ziehen: Der Vater besaß eine Schwester mit Namen Karoline. Sie war verkrüppelt und konnte keine Arbeit tun. Der Vater hing an ihr und es war ein Herzenswunsch von ihm, sie bei sich zu behalten. Als sich seine Frau weigerte, die Schwägerin aufzunehmen, entstand große Verbitterung in ihm, und die Harmonie der Ehe war dahin.

Eine zweite, noch größere Erschütterung im Wohnblock bei den Geleisen, verursachte der »Duce« Mussolini. Der Vater wurde kurzerhand aus dem Dienst entlassen mit der Begründung, er habe schon bei der österreichischen Bahn gearbeitet. Es wurde ihm zwar eine kleine Rente ausgesetzt, doch er litt seelisch sehr unter den neuen Verhältnissen, zumal er als überzeugter Sozialdemokrat die Faschisten nicht ausstehen konnte. Mit der Zeit wurde sein Herz so voller Kummer, daß er sich gehen ließ und zu trinken begann. Zwar versuchte er, sich als Gepäckträger am Bahnhof ab und zu ein paar Lire dazuzuverdienen, aber die bis dahin schon sehr bescheidenen Verhältnisse wurden immer ärmer. Die Mutter nähte bis spät in die Nacht, weil der Vater das wenige Geld, das er einnahm und als Rente ausbezahlt bekam, gar nicht nach Hause brachte, sondern in Alkohol umsetzte. Die Mutter litt und häufig hatte sie für ihre Kleinen – Mario besaß noch zwei Schwestern – nicht genügend zu essen. Sie selbst ging oft mit leerem Magen zu Bett. Tagelang kam Vater Borgogno nicht heim. Wenn er aber auftauchte, dann schmutzig, verwahrlost und betrunken. Er verschwendete sein Geld im Gasthaus, und daheim hatte man nicht einmal genügend Brot, den Hunger zu stillen. Er machte Schulden, und die Mutter schämte sich. Kam der Vater spät in der Nacht zur Tür herein, schrie er, warf mit Geschirr und schlug auf seine Frau ein. Diese Szenen waren für die Kinder besonders schlimm, und weinend versteckten sie sich hinter der Mutter.

›Du bist selbst schuld, warum hast du diesen Eisenbahner genommen!‹ warfen Mutters Schwestern ihr vor.

Dann tat Mario sein Papi leid, denn er mochte ihn trotz allem sehr. Und das war vielleicht auch der Grund, weshalb die Mutter zu Mario so hart und abweisend war. Sie konnte ihn nicht leiden, und er mußte bei ihr stets im Winkel stehen. Ging sie sonntags fort und nahm die Kinder mit, dann herrschte sie Mario an:

›Nein, du nicht!‹ Und wenn er dann weinte, bestrafte sie ihn gleich nochmals: ›Also, dann am nächsten Sonntag auch nicht!‹

Den Hintergrund dieses Elternhauses bildete die Familie der Mutter, die in heilloser Zerstrittenheit lebte, und die des Vaters, die zusammenhielt und von lustigem Geblüt war. Um das Maß der Gegensätzlichkeiten voll zu machen: Marios Mutter war sehr religiös, während sein Vater von der Kirche nicht allzuviel hielt.

Mario erlebte aber auch Erfreuliches in seiner Kinderzeit, zum Beispiel die Geschichte mit der »torta«, der Torte.
»Als Junge war ich sehr lebhaft, und Mutter drohte daher eines Tages:
›Wenn du so weitermachst, rufe ich die Carabinieri.‹
Statt Angst zu zeigen oder Einschüchterung, rief ich:
›Mutter, wo sind die Carabinieri, zeig sie mir!‹
Die Mutter hatte keine Antwort gegeben, und da lief ich zum Haus hinaus und in die Stadt und fand sie in einer kleinen Kaserne. Sie besaßen wunderbare Pferde und wurden bald meine Freunde. Sie gaben mir kleine Aufträge – ich mußte für den Koch Zigaretten holen –, und sie wollten mir dann immer ein paar Centesimi schenken. Aber Mutter hatte gesagt: ›Nimm kein Geld, von niemanden!‹ Als der Koch schließlich fragte, was er mir sonst geben könnte, da sah ich

auf einem Tisch etwas Eßbares liegen, streckte den Arm aus, deutete darauf und rief:
›Prego, prego, torta, torta!‹ (Bitte, bitte, die Torte dort!) Da lachte der Koch:
›Das ist keine Torte, das ist Brot!‹
›Ja bitte, torta!‹ Da nahm er das Brot und schenkte es mir.
Ich klemmte es unter den Arm und lief voller Freude nach Hause. Schon unter der Tür rief ich:
›Mutter, torta!‹
›Ja wo hast du das her?‹ fragte sie besorgt.
›Von den Carabinieri‹, antwortete ich stolz, ›der Koch hat es mir gegeben, weil ich für ihn Zigaretten geholt habe.‹
Mutter war natürlich froh, denn mit diesem Brot hatten wir tagelang zu essen.
Auch die erste heilige Kommunion war für ihn ein großes und schönes Kindheitserlebnis. Die Kirche war für Mario ein besonders faszinierender Ort. Vor allem das Tabernakel, das Allerheiligste, in dem die Hostien aufbewahrt werden und von dem er annahm, Jesus halte sich darin auf, hatte es ihm angetan. Mit ihm sprach er:
»Bist du auch so allein wie ich? Kommst du raus und spielst mit mir?«

Zuhause aber trieb das Unheil seinem Höhepunkt entgegen. Der Vater trank immer mehr, die Mutter aß immer weniger. Und eines Tages stand sie morgens nicht mehr auf. Der Arzt sagte: ›Zu spät!‹
Sie sollte ein Kind haben, aber es war bereits schwarz und brandete. Schon nachmittags starb sie. Das war am 18. 6. 1930.
Durch den Tod der Mutter brach für die Kinder das Wenige auch noch zusammen. Mario empfand ihn wie eine eiskalte Dusche. Er fühlte Leere.
Der Vater brachte die Kinder in die Obhut des »Liebeswerkes«, einer karitativen Einrichtung in der Schweiz und Südtirol, die von einem Kapuzinerpater gegründet worden war und durch Spenden finanziert wurde. Mario war gerade acht Jahre alt, als er am 1. 8. 1930 im Knaben-Asyl von Meran abgeliefert wurde.
Die ersten acht Jahre seines jungen Lebens hatte er in der Ecke stehen müssen, die folgenden sechs verbrachte er im Asyl! Sein Vater besuchte ihn manchmal, aber selten. Meist war er betrunken, und Mario schämte sich. Die Ordensschwestern schüttelten den Kopf und sagten, es sei eine Schande, wenn einer schon mittags betrunken daherkomme. Mitunter jedoch war Vaters Jakkentasche prallvoll und dick, und da wußte der

kleine Bub, daß Papi ihm eine Tüte Eßkastanien mitgebracht hatte, ein seltener Hochgenuß.

Den Schulbesuch im Asyl hat Mario in bester Erinnerung. Er war aufgeweckt und lernfreudig, und man übertrug ihm schon ab der dritten Klasse die Aufsicht. Wenn einer seine Hausaufgaben nicht gemacht hatte, bat er morgens vor dem Unterricht Mario, er solle es dem Lehrer schonend beibringen. Jener empfing Mario dann meist mit den Worten:

›Aha, da kommt wieder einmal der Fürbitter!‹

Beim Schulausflug konnte der kleine Borgogno nie mitgehen, weil er kein Geld besaß.

»Ein Klassenkamerad, Hermann Götz aber«, erzählt Mario, »neben den niemand sitzen wollte, weil er Jude war, stand auf und sammelte mit der Mütze für mich. Hermann war ein stiller Junge, der Musik liebte und Violine spielte. Da ich in der Pause nie ein Vesperbrot hatte, schenkte er mir jeden Tag die Hälfte von seinem; samstags brachte er sogar zwei Brote mit, und ich bekam ein ganzes. Bei einer Feier in der Schule wurde mir das Cross de merito überreicht, eine faschistische Auszeichnung für Fleiß. Der Kaplan bemerkte dazu: ›Ausgerechnet du, wo dein Vater ein solcher Sozi war!‹

In der Schule gefiel es mir so gut, daß ich weinte, wenn die Ferien begannen. Leider besuchte mich im Asyl – außer am Anfang mein Papi – nie jemand. Um alle anderen Kinder kümmerte sich jemand, sie durften zu Verwandten in Ferien fahren. Ich blieb stets allein. Das tat weh.

Es war im Juni 1935 – Papi hatte ich schon längere Zeit nicht mehr gesehen und dachte, er könnte vielleicht im Ausland sein oder an einem entlegenen Ort auf Arbeit – da bat mich die Schwester Oberin vom Asyl, ein Paar Schuhe zu Meister Pasqualini hinaufzubringen. Er war der Schuster, der für das Heim arbeitete, ein lieber Mann mit einem weißen Schnurrbart, und er wohnte oberhalb der Stadt. Als gebürtiger Meraner kannte ich mich natürlich in allen Straßen und Gassen gut aus. Da mir jede Möglichkeit, das Heim zu verlassen, selbstverständlich willkommen war, wickelte ich frohgemut die Schuhe in altes Zeitungspapier, gab sie in ein Netz und lief hinauf zum Schuhmacher. Da der Meister sich noch nicht in seiner Werkstatt befand und die Sonne warm herschien, setzte ich mich auf die Treppe. Nach kurzer Zeit langweilte mich das bloße Herumsitzen. Ich öffnete das Netz und nahm das Einwickelpapier heraus, um in den alten Zeitungsblättern ein wenig zu schmökern.
Ich kann mich noch erinnern, daß es die *Alpen-*

Zeitung war, in deutscher Sprache. Meine Deutschkenntnisse waren nicht besonders gut, denn ich hatte nie eine deutsche Schule besucht, aber auf der Straße, im Heim, in der italienischen Grundschule hatte ich so manches aufgeschnappt.

Was ich nun in Händen hielt, war eine Ausgabe von Anfang Oktober 1934, also 9 Monate alt. Mein Blick fiel auf eine Überschrift: *Schon wieder ein Opfer der Berge*. Ich begann zu lesen und erschrak bis in die Seele: Da stand der Name *Mario Borgogno!* Das mußte Vater sein! Schmerz und Trauer fielen über mich her, Tränen kullerten über meine Wangen. Es hat so wehgetan. Niemand hatte mir davon Mitteilung gemacht.

Monate später fragte ich eine Tante:

›Warum habt ihr mir nichts gesagt?‹

Da antwortete sie:

›Ach, ob du das weißt oder nicht, das hat nichts zu sagen. Es ist wirklich kein Schaden, wenn ein solcher Mann stirbt.‹

Vater verunglückte am 30. 9. 1934 und ist in Hafling, das damals noch zu Meran gehörte, beerdigt worden. Jetzt waren wir Vollwaisen.«

Soweit Mario. Ich selbst habe gebetet für die Seelen von Marios Eltern. Es kam über mich, als ich von ihrem kurzen, so bitteren und trostlosen Dasein erfuhr.

Diese zwei einsamen und verzweifelten Menschen hatten keine Ahnung davon, welches sanfte und tiefgläubige Wesen sie gezeugt, welche Perle von einem Menschen. Wieviel Tröstung hätte ihnen der kleine Mario bedeutet, wieviel Lebensmut wäre ihnen aus diesem Buben erwachsen! Was ihnen, diesen Armen, versagt blieb, fällt jetzt uns zu. Was aus ihnen entstand, was sie in Gottes Welt hineingesät, dies Leben an der verzauberten Grenze, wird für manchen von uns zum wertvollen Geschenk.
Übrigens, der Mario von heute meint zur Armut, in der er so viele Jahre seines Lebens verbrachte:
»Arm ist nicht, wer wenig hat, sondern wer viel will.«

Zwölf Jahre alt war Mario, als er auf der Treppe des Schusters vom Tod seines Vaters erfuhr. Und ein Jahr vor dem Schulabschluß befand die Oberin von St. Nikolaus, Mario solle jetzt das Heim verlassen und sich selbst durchschlagen. Man brachte ihn als Stalljungen auf einen Bauernhof mit dem Versprechen, er dürfe später das fehlende Schuljahr nachholen. Aber daraus wurde nichts, denn die Zahlungen aus der kleinen Rente des Vaters waren so gering, daß sich

das Heim durch Neuaufnahmen größere Geldbeträge erhoffte. Mario:
»Das tat mir weh, daß Menschen so mit einem Buben umspringen; zuerst versprechen – und dann sagen, wir haben für dich sowieso schon zuviel getan.«
Also verschlug es den knapp 14-jährigen auf den Paulgasserhof in Vahrn zwischen Brixen und Franzensfeste. Mario beschreibt diese Zeit so:

»Die Familie Mayer, zu der ich kam, das waren gute Leute. Sie hatten achtzehn Kinder, von denen aber die meisten an Lungen-Tuberkulose starben, nur fünf überlebten. Um 4.00 Uhr wurde aufgestanden. Meine Aufgaben waren, das Vieh zur Tränke treiben, Stall misten, Holz und Wasser tragen. Wenn ein Kalb verkauft wurde, bekam ich einen Lire. Ich sparte das Geld, denn mit fünf Lire konnte ich eine Heilige Messe lesen lassen für meine Mutter. Zum Kirchgehen durfte ich Schuhe anziehen, sonst lief ich barfuß. Im Winter bekam ich Holzschuhe. Die waren sehr laut, und der Lehrer – ich besuchte die Volksschule in Vahrn – beschwerte sich bei meinem Bauern über den Krach. Da nagelte mir dieser Gummi von einem Autoreifen auf die Holzsohlen. Ich war vielleicht stolz, wie auf Filzpantöffelchen kam ich jetzt daher.

In meinen freien Stunden las ich alles, was ich auf dem Hof finden konnte: alte Zeitungsblätter, Kalender, die Bibel.

Ich hatte bereits zwei Weihnachten auf dem Hof verbracht, als mich ein Pater fragte, was ich denn werden wolle. ›Schneider‹ gab ich an. Und da bemühte sich der Geistliche, mir eine Stelle zu beschaffen.
So brachte man mich zu einem Schneider nach Meran. Monate half ich in der Werkstatt und erlernte einiges von diesem Handwerk, doch ich litt unter Verdauungsstörungen. Da nahm mich ein Pater mit zu einem Arzt. Der sagte: ›Der Junge hatte weder Mutterliebe noch genügend Brot zu essen. Und jetzt verträgt er das Dauersitzen auf dem Schneidertisch nicht.‹ Das mochte stimmen.
Da schrieb ich einen Brief nach Rovereto, wo eine Schwester meiner Mutter einen Ausschank betrieb. Zu ihr durfte ich kommen. Ich bemühte mich, der Tante zur Hand zu gehen, aber ich fühlte mich in dieser Umgebung nicht richtig wohl. Da wuchs in mir der Wunsch, ins Kloster zu gehen.«

Der Hilfsbriefträger vom Pustertal

»In einer Viertelstunde erreichen wir Mailand!« sagte der Schaffner freundlich, ehe er ins nächste Abteil ging. Gut, da können wir noch vorher mit Mario ins Pustertal, seine nächste Lebensstation nach den dreieinhalb Jahren im Kloster. Das dortige Postamt hatte ihn für sechs Monate als Aushilfsbriefboten eingestellt, weil die meisten Männer im Krieg waren.

»Zwei Ereignisse aus dieser Zeit sind mir noch heute gegenwärtig«, erzählt Mario.
»Ich kam in Sexten an ohne einen Kreuzer in der Tasche. Und ich wußte auch nicht, wo ich Mittelloser hätte übernachten können. Daher suchte ich den Pfarrer auf und sagte, ich solle hier eine Stelle antreten. Er aber meinte:
›Wenn Sie in zwei Tagen noch nichts zu essen bekommen haben, dann melden Sie sich wieder bei mir.‹
Da ging ich zur Kirche, um Gott zu bitten ....
Auf dem Friedhof davor traf ich auf eine Frau mit drei Kindern.
›Wollen Sie ein Grab besuchen?‹ fragte sie mich.

›Nein‹, antwortete ich, ›ich wollte unseren Herrgott bitten, daß er mir hilft, ein Zimmer zu finden.‹
›Und gegessen haben Sie heute wohl auch noch nicht?‹ fuhr sie fort.
›Nichts Warmes.‹
›Dann kommen Sie mal mit!‹ lud sie mich ein, und ein Stein fiel mir vom Herzen. In ihres Vaters Haus bekam ich ein Zimmer und zu essen. Heute, nach fast fünfzig Jahren, ist diese Frau Hotelbesitzerin, und ich darf mich einen Freund der Familie nennen.

Das zweite Ereignis könnte man überschreiben: *Der Brief des Soldaten*.
1942 waren die Bauernsöhne alle im Krieg. Am Gründonnerstag kam ich auf meiner Tour auf einen der vielen Höfe.
›Dr Postler kimmt!‹ sprach die Bäuerin und trat mit Sorgen auf der Stirn aus dem Haus.
›Schon zwei Jahre habe ich keine Nachricht mehr von meinem Sohn‹, sagte sie betrübt, ›wann bringen Sie mir endlich einen Brief von ihm? Diese Ungewissheit ist kaum mehr auszuhalten.‹
Vom Schmerz der Frau erfaßt, antwortete ich ohne jedes Besinnen:
›Morgen, Mutter, bringe ich Ihnen einen einge-

schriebenen Brief von ihm!‹ Ich wußte nicht im geringsten, warum ich mich zu einer solchen Aussage hinreißen ließ, aber am nächsten Tag brachte ich ihn wirklich und durfte ihn der erlöst aufatmenden Frau aushändigen. Dabei drängte sich noch einmal eine Eingebung auf meine Lippen.

›Hier ist der Brief, von dem wir gestern redeten‹, sagte ich, ›und bald wird Ihr Sohn selbst kommen – er ist verwundet!‹

Er war verwundet und kam tatsächlich wenig später.«

Laufbursche im Jesu-Heim

In Mailand mußte ich umsteigen. Im neuen Zug – seine Strecke führte über Genua nach Ventimiglia – herrschte drangvolle Enge. Selbst die Gänge waren kaum noch passierbar. Gut, daß ich ein Plätzchen hatte ergattern können. Hitze brodelte, die Fenster hinter den Rollos waren offen, Fahrtwind brachte Erfrischung. Ich schob ab und zu eines von den mitgenommenen sauren Bonbons in den Mund, kauerte mich ins Eck und vertiefte mich in eine neue und wohl die prägendste Phase in Marios Leben. Er berichtet:

»Es war Ende August 1942, als ich eine Stelle im Jesu-Heim von Girlan bekam. Im Vergleich zu Sexten herrschte hier ein mildes Klima; und da meine Gesundheit nicht so besonders war, nahm ich das gerne an.
Es war ein Heim für unheilbar Kranke. Jede Altersstufe war hier vertreten – von Kleinkindern bis zu Greisen. Die Kinder waren meist geistig behindert und hatten oft auch angeborene Mißbildungen; es gab Buben, 13-/14jährig, taubstumm oder gelähmt, Blinde mit geistigen Defekten. Die Eltern lieferten ihre Kinder einfach ab.

Einmal, ich war gerade dabei, kam ein Vater mit dem Rucksack auf dem Rücken, in dem er ein ganz verwahrlostes Kind trug. Er sagte nur: ›Mit diesem Buben kann ich zuhause nichts anfangen; aus dem wird nichts! Und ich habe noch andere daheim. Behaltet ihn!‹ Schon drehte er sich um und ging. Die Klosterfrau rief ihm hinterher: ›Halt! So sagen Sie doch wenigstens, wie er heißt und woher er kommt!‹ Das hat er dann noch angegeben. Wir haben den Neuankömmling erst mal gewaschen; sprechen konnte der Kleine nur wenig, verstehen gar nichts. Er war ein Pflegefall. Bei den vielen Kindern und der vielen Arbeit, die damals jede Familie hatte, konnte natürlich keine Mutter den ganzen Tag damit zubringen, ein unheilbares Kind zu pflegen und dafür die Gesunden links liegen lassen.
Es beeindruckte mich, daß die Kinder aus italienischen Familien ein- oder zweimal im Jahr Besuch erhielten, die aus deutschsprachigen dagegen fast nie. Selbst Eltern, die im gleichen Ort lebten, fragten höchstens einmal im Jahr im Heim nach, wie es ihrer Tochter oder ihrem Sohn gehe. Das konnte ich einfach nicht verstehen. Sie hätten doch hin und wieder hereinkommen können und ihr Kind einmal streicheln oder ihm einen Kuß geben. Manche Menschen sind eiskalt. Das finde ich sehr traurig. Die Kranken

können schließlich nichts dafür, daß sie dieses Leid zu tragen haben. Ihre Angehörigen sollten Mitgefühl empfinden.

Im Heim befanden sich etwa 250 Kranke. Versorgt wurden sie von zwanzig Klosterfrauen, denen die Oberin Edwina Aberham vorstand. Wir hatten auch einen Hauskaplan und einen fürs Heim zuständigen Arzt.

Ich selbst schlief in einem großen Zimmer, in dem zwanzig der Unheilbaren untergebracht waren und bekam dieselbe Suppe wie sie, dasselbe Stück Brot, dieselben Äpfel.

Im Gegensatz zu ihnen hatte ich das große Glück, daß ich sehen und hören konnte, heile Glieder besaß und mich bewegen konnte, daß mein Geist funktionierte und ich das Heim auch wieder verlassen konnte. So habe ich immer und überall gern geholfen. Im Winter übernahm ich die Heizung. Das hieß ganz früh aufstehen; aber ich tat es gerne, denn ich dachte: Wenn die Kranken aufwachen, dann haben sie es schon warm! Anschließend war Messe, und hinterher verabreichte ich den kranken Kindern das Frühstück.

Viele von den Kleinkindern waren so stark verwirrt, daß ich ihnen das Essen Löffel für Löffel einflößen mußte. Dazu war notwendig, ihnen beide Arme festzuhalten, sie hätten sonst die Schüssel samt Inhalt in die Luft geworfen. In dieser Zeit habe ich begonnen, mich ganz auf Kinder einzustellen und mich mit ihnen zu beschäftigen, morgens, mittags und abends.

Die Größeren, die ein wenig aufnahmefähig waren, besuchten eine interne Schule. Eine Klosterfrau war eine gute und geduldige Lehrerin; sie hat ihnen ein wenig Lesen und Schreiben beigebracht.

Bei den Erwachsenen – Männern wie Frauen, die in der Mehrzahl waren – gab es Epileptiker, Taube, Blinde oder solche mit geistiger Schwäche, aber auch an den Beinen gelähmte. Die Schneider z.B. waren alle gelähmt; zwei von ihnen rutschten auf den Knien, einer saß im Rollstuhl, ein anderer ging mit einer Krücke und einem Stock. Ein Freund von mir – ebenfalls Schneider und gelähmt – ist erst neulich mit siebzig Jahren im Heim gestorben, in das er schon als Kleinkind eingeliefert worden war.

Als der Winter vorüber war, bekam ich Arbeit draußen im Friedhof. Wir hatten einen eigenen – mit Kapelle.

Oft starb noch jemand kurz vor Mitternacht, und man mußte ihn aus dem Heim in die Kapelle hinaustragen.

Die beauftragte Schwester fand meist niemanden, der ihr dabei behilflich gewesen wäre.

›Mario‹, klagte sie, ›alle sagen, sie hätten Angst, mit den Gestorbenen in der Nacht durch den Friedhof zu gehen.‹

Ich antwortete: ›Ich stelle mir vor, das tote Kind wäre mein Schwesterchen, diese Frau meine Mutter, jener Mann mein Vater. Rufen Sie mich nur!‹

Also wurde ich häufig bei Nacht aus dem Bett geholt und trug mit der Schwester die Bahre. Einmal sagte ich nach so einem Gang:

›Ich habe doch ein bißchen Angst gehabt.‹

Da bekam ich von der Schwester Oberin ein ›Nusserle‹, ein Schnäpschen aus Nüssen, das die Klosterfrauen selbst ansetzten. Von da an bekam ich öfters Angst, denn das Mittel dagegen mundete ganz ausgezeichnet.

Noch etwas aus jener Zeit will ich erzählen: Bruder Tod blieb längere Zeit aus – er weilte vielleicht in den Ferien. Was das für mich bedeutete, kann man verstehen, wenn man erfährt, daß ich für meine Arbeit im Heim keinen Lohn erhielt, mir aber pro Friedhofsdienst fünf Lire bezahlt wurden, selbstverständlich nur, wenn der Verschiedene Geld hatte. Und als junger Bursche hätte ich doch gerne wenigstens ab und zu eine Lire besessen, um eine Briefmarke zu kaufen oder sonst eine Kleinigkeit.

Eines Tages begegnete mir auf dem Korridor Pepi, ein blonder Junge vom Heim. Er blieb stehen und fragte:
›Wie geht's, Mario?‹
Da zog ich meine leeren Taschen heraus, zeigte sie ihm und sagte:
›Ich muß mal hinauf in den nächsten Stock, wo die zahlenden Patienten liegen und einem das Leben rauben, denn ich habe, sieh her, nicht mal einen Knopf in der Tasche.‹ Freund Pepi lachte noch über meine Sprüche, als die Schwester Oberin herzutrat.
›Also Mario, bevor du einen Stock höher gehst, gebe ich dir lieber eine a conto Zahlung.‹ Damit zog sie fünf Lire hervor und reichte sie mir. Sie verstand einen Spaß.

Ich empfand das Heim und seine Insassen als eine einzige große Familie. Alles, was die Welt draußen nicht mehr mochte oder nicht mehr heilen konnte, kam hierher. Alle halfen zusammen. Und unsere Schwester Oberin war wie eine Mutter und hatte viel Verständnis. Ich habe im Jesu-Heim zu Girlan vieles gelernt und erfahren und habe verstanden, was Leid ist, was Schmerz bedeutet – und das hat mir sicher gutgetan.«

»Heute, um 16.05 Uhr«

»Zwei Jahre und zwei Monate im Jesu-Heim waren vergangen, als man mir befahl, mich bei den Soldaten zu melden. Es war im November 1944, und alle jungen Leute sollten noch schnell einrücken. Ich bekam eine Jacke von der Flak und eine Hose von den Italienern; keinen Gürtel, kein Gewehr, dafür eine blaue Mütze. Meine Aufgabe war, Schneiderarbeiten für die Offiziere zu machen. Aber es geschah des öfteren, daß ich beim Morgenappell umfiel. Schließlich hat man mich in ein Lazarett gebracht, aus dem ich nach einigen Wochen, als der Krieg zu Ende war, entlassen wurde. Ende Mai traf ich dann wieder im Jesu-Heim in Girlan ein.

Nur acht Tage nach meiner glücklichen Heimkehr widerfuhr mir ein Schicksal, das ich im Traum vorausgesehen hatte und vor dem mir entsetzlich bange war, nämlich von einer Explosion zum Krüppel gemacht zu werden. Der Traum, der sich verschiedene Male – und schon ein halbes Jahr vorher beginnend – immer in derselben Weise abspielte, hatte folgenden Inhalt.

Ich sah mich in einem Tunnel und mußte geradeaus, konnte weder rechts noch links ausweichen, konnte auch nicht rückwärts, mußte einfach vorwärts gehen! Das träumte ich ununterbrochen. Bis zur Nacht vom 2. auf den 3. Juni, da präzisierte sich dieser Traum in allen Einzelheiten. Jetzt sah ich mich in einem Wald mit einer Gruppe von Kindern – ich sah mich mitten unter ihnen. Und auf einmal bemerkte ich, wie ein Kind, ein taubstummes, einen Gegenstand aufhob und zu mir brachte. Ich nahm ihm diesen aus der Hand, sagte, ich weiß nicht, was das ist – ich hatte ja mit Munition und Granaten nie etwas zu tun gehabt –, ich werfe es am besten dort den Hang hinab. Wie ich das ausführte, entstand augenblicklich eine starke Explosion, und ich sah mich schwer verletzt am Boden liegen. Aber ich sagte in diesem Zustand noch zu einem Freund, der dabei war: ›Wie spät ist es?‹ Er antwortete: ›Es ist genau 16.05 Uhr.‹
Nach der Explosion habe ich ein großes Tor wahrgenommen, das sich öffnete, wie wenn ich durch ein Dunkel durchgebrochen wäre. Da bin ich aufgewacht und habe geschrien und geweint. Von da an hatte ich große Angst.
Was passierte nun wirklich am nächsten Tag? Vormittags, nach der Heiligen Messe, erschien die Schwester Oberin bei mir und wies mich an,

mit einigen Kindern hinauszugehen in den Wald, um dort Tannenreis zu sammeln für das Herz-Jesu-Fest. Ich sträubte mich.
›Ich möchte nicht gehen‹, bat ich, ›ich habe solche Angst!‹ Warum diese Angst in mir war, wagte ich nicht zu sagen. So bestand die Oberin auf ihrer Anordnung, und ich gab klein bei und sprach: ›Ich werde gehen.‹
In meiner panischen Befürchtung aber schob ich mir Elastikbinden in die Taschen, und ein Freund – er war ein ›Normaler‹ mit nur einem Fußleiden – sollte mich begleiten. Ihn bat ich:
›Bitte bleib in meiner Nähe, ich habe heute so große Angst.‹
Im Wald schwärmten die Kinder aus, um Reisig zu suchen. Alles verlief normal. Bis auf einmal ein taubstummes Kind auf mich zulief und in seinen Händen etwas Metallenes trug. Entsetzt nahm ich es ihm weg und wollte es eine Böschung hinabwerfen. Doch – noch in meiner Hand – ging die Granate los – ein ohrenbetäubender Knall! Es war tatsächlich wahr geworden.
Als ich danach blutüberströmt auf dem Waldboden lag, fragte ich wirklich:
›Wie spät ist es?‹
Mein Freund, der gleich versuchte, mich zu verbinden, antwortete: ›Mario, du fragst nach der Zeit, wo du im Sterben liegst.‹

›Bitte wie spät ist es?‹ Meine Stimme war matt, aber ich ließ nicht locker. Da schaute er nach.
›Mario, es ist genau fünf Minuten nach 16 Uhr.‹
Lange lag ich in meinem Blut, fast nur behinderte Kinder um mich herum. Mein Freund hatte um Hilfe geschickt. Da redete ich zu Gott:
›O mein Herrgott, du weißt, ich habe dich gebeten, mir diese Prüfung zu erlassen; du weißt auch, ich habe nur dich allein. Wem hätte ich den Traum anvertrauen sollen? Niemand hätte mir geglaubt. – Bitte verlaß mich jetzt nicht ganz. Ich weiß, du wirst für mich sorgen!‹ Nach diesem Gebet ist in mir Ruhe eingekehrt . . . .
Etwa eine Stunde später kam Hilfe. Man lud mich auf einen kleinen Wagen mit Pferd davor, und auf hoppeligem Weg karrte man mich ins Heim. Dort untersuchten mich zwei Ärzte, und – wie mir später berichtet wurde – der eine sagte zum anderen:
›Da ist nichts mehr zu machen, der lebt keine Stunde mehr, der kommt nicht mal mehr runter bis zur Brücke.‹
Mit ›Brücke‹ war die Etschbrücke gemeint, die die Verbindung zwischen dem Heim und Bozen, wo das Spital war, herstellte.
Ich war ganz ruhig. Die Schwester Oberin kam herein. Ich sah sie nicht, denn auf beiden Augen war ich blind – das eine war ganz herausgerissen,

das andere schwer beschädigt – aber hören konnte ich noch etwas. So sagte ich:
›Bitte, Schwester Oberin, lassen Sie mich nach Bozen ins Spital bringen, ich komme in zwanzig Tagen wieder heim. Ich weiß, ich werde gesund, bitte lassen Sie mich ins Spital!‹
Da sagte die Oberin, sie habe bereits den Rettungswagen angerufen, aber die Ärzte meinten es sei zwecklos. ›Doch wenn es dein Wunsch ist, Mario, dann probieren wir's halt‹, schloß sie.
Ein amerikanischer Sanitätswagen fuhr vor. Zwei Schwarze hoben mich auf eine Bahre, und so kam ich ins Spital. Die erste Nacht war schlimm; am nächsten Tag wurde ich am Armstumpf operiert, und dann ging es schon besser. Nachdem die Ärzte gesehen hatten, daß noch Hoffnung bestand, wurde auch mit den Augen was unternommen; das linke wurde entfernt, das rechte behandelt. So konnte ich mit Hilfe einer Brille später wenigstens wieder ein bißchen sehen. Das war ein Geschenk des Himmels, und ich fühlte mich wie neugeboren. Nach zwanzig Tagen wurde ich entlassen, zwar schwach und voller Narben, aber glücklich ob dieser erstaunlich raschen Heilung.
Seit diesem Tag habe ich immer gedacht, der Herrgott weiß schon, was für dich gut ist, auch wenn du's nicht begreifst, laß ihn nur machen …

Es ging in meinem Leben noch oft auf und ab, aber nie mehr habe ich den Mut verloren.
Ins Heim zurückgekehrt, konnte ich meine frühere Arbeit nicht wieder aufnehmen. Ich hatte ja nur noch eine Hand, nur einen gesunden Arm. Links trug ich ein Glasauge, rechts sah ich ohne Brille nur Nebel, ohne Hörgerät hörte ich nichts. Als der Pförtner vom Jesu-Heim starb, wurde mir die frei gewordene Stelle zugesprochen. Ich mußte auch die Post holen, zum Arzt die Scheine bringen, die Kranken wecken.
Hinter der Pforte bewohnte ich ein eigenes kleines Zimmerchen mit Bett und einem Schrank. Auch die Kost war etwas besser als zur Kriegszeit. Ich war so froh, daß ich im Heim bleiben konnte, denn ich hing sehr an den Kindern. Sie alle taten mir leid, und ich habe mir oft gedacht, dieses Kind ist noch so klein und muß schon ein so großes Kreuz tragen. Sei du nur zufrieden und vergiß deine unbedeutende Versehrung.
Da Träume in diesem Buch immer wiederkehren und wohl mancher Leser mit der Traumforschung nicht vertraut ist, seien einige kurze Anmerkungen zu diesem wundersamen Geschehen im Schlaf erlaubt.
Zunächst einmal ist wissenschaftlich erwiesen, daß jedermann jede Nacht träumt, mehrfach sogar. Diejenigen, welche von sich behaupten, daß sie nie träumen, träumen genauso, nur – sie können sich an ihre

Gesichte nicht erinnern. Die Trauminhalte, die sich nächtens auf leisen Sohlen über die Brücke zwischen Bewußtem und Unbewußtem schleichen, zeigen sehr unterschiedliche Thematik. Viele spiegeln unsere Probleme, häufig symbolisch verschlüsselt.

Angst zum Beispiel wird als steiler Abgrund, schwarze Wolken, Davonrennen, ohne vom Fleck zu kommen usw. dargestellt. Man kann lernen, alle Trauminhalte zu erklären. Sehr oft tauchen Abrisse aus unserem Tagesgeschehen auf und sehr oft auch Sexualität. Es gibt Träume, die Nachrichten übermitteln. Und zwar in Sekundenschnelle und über die halbe Erde hinweg. Denken Sie an die vielen Träume, die Frauen im letzten Krieg hatten, und in denen sie zu nächtlicher Stunde dabei waren, als ihre Männer, fern im Atlantik oder in Rußland gefallen sind.

Träume können auch warnen. Ein Verwandter von mir fliegt seit Jahrzehnten jedes Jahr einmal zum Fischen nach Norwegen. Als er wieder einmal einen solchen Flug gebucht hatte, träumte er, daß diese Maschine an dem von ihm gebuchten Tag abstürzen würde. Gleich am nächsten Morgen stornierte er den Flug. Zu seinem Glück – denn dieses Flugzeug stürzte wirklich ab.

Aber Träume können auch mystische Erlebnisse vermitteln und Gottbegegnungen bescheren.

Was daher aus der Seelenlandschaft vor unser inneres Auge steigt, will mit Bedacht geschaut werden.

Schicksale

»Ich will noch mehr aus dem Heim berichten, was mich besonders erschüttert hat«, erzählt Mario.

»Wir hatten einmal im Heim einen mageren, aufgezehrten Mann von nur fünfunddreißig Jahren. Aus seinem blassen, knochigen und enttäuschten Gesicht funkelten dunkle, brennende, rabiate Augen. Über seine Lippen kamen nur Flüche.

Seine Mutter war früh gestorben, der Vater hatte wieder geheiratet. Aber für die junge Frau war der kleine Attilio Romanin eher ein Hindernis; sie mochte ihn nicht. Vielleicht war er auch zu lebhaft und nicht brav genug. Jedenfalls lief der Bub von zuhause fort – er stammte aus der Gegend von Venedig – und wanderte mal hierhin, mal dorthin. Er schlug sich durch, mehr schlecht als recht, war Landfahrer gewesen, hat sich im Gefängnis aufgehalten, in Spitälern und Heimen. Nirgends fand er Ruhe, mit der ganzen Welt war er verfeindet.

Als er in das Jesu-Heim eingeliefert wurde, wollte oder konnte er nicht sprechen. Die Klosterfrauen taten ihr Möglichstes, ihn zufriedenzustellen. Aber es gab nichts, an dem er Freude hatte. Wenn es Reis gab, wollte er Nudeln, gab es Nudeln, verlangte er Reis. Wurde ihm das Essen gebracht – er konnte sich nicht mehr erheben –, dann nahm er die Schüssel und warf sie samt der Speise auf den Boden. Das einzige, wofür er Interesse zeigte, war die Flasche – und Zigaretten. Er konnte keine Klosterfrau um sich brauchen und schon gar keinen Priester. Keiner fand Zugang zu ihm, man konnte nicht mit ihm reden.

Ich lag damals im selben Zimmer wie er. Es war sehr groß, viele Betten standen darin, seines in einer Ecke. Da ich wußte, daß er gerne rauchte, ging ich alle Tage zu ihm hin und legte meine Zigarettenration – ich selbst rauchte nicht – wortlos auf sein Bett. Es ist noch nicht die Zeit zum Reden dachte ich. Anfangs blickte er mich unwirsch an und schimpfte:

›Was fällt dir ein! Ich brauche deine Zigaretten nicht. Scher dich fort!‹

Ich hatte auch bemerkt, daß er gerne schwarzen Kaffee trank. Also schlich ich sonntags nach der Kirche in die Küche und bat:

›Ach bitte, ich habe da einen Freund, geben Sie mir etwas schwarzen Kaffee!‹

Ganz allmählich empfand er meine Gaben wohl doch als eine Wohltat. Einmal sagte er:

›Ich habe nicht mehr geglaubt, daß es Menschen gibt, die mich trotz meiner Schandtaten noch annehmen.‹

›Quatsch!‹ sagte ich, ›was heißt da Schandtaten. Jesus ist für alle gestorben, auch für dich! – Ich vermute, daß du mich als Bruder wenig brauchen kannst; aber du weißt, daß ich in deiner Nähe bin.‹

Das freute ihn. Und so taute er langsam auf und gab mir wenigstens hin und wieder eine Antwort. Er spürte wohl, daß ich es gut mit ihm meinte. Von Religion aber wollte er nichts wissen:

›Ich wurde getauft, erhielt auch die erste heilige Kommunion, aber von da ab war ich nie mehr in einer Kirche.‹

›Das ist nicht so schlimm, Attilio; man muß auch verstehen, was du alles mitgemacht hast. Es ist schrecklich, wenn man von den Menschen immer wieder abgewiesen wird – und bergab geht es leichter als hinauf. Aber hab keine Angst, es wird schon werden!‹

Nach einigen Wochen sagte ich morgens zu ihm:

›Höre, Attilio, ich will dich nicht drängen. Du weißt, ich habe dich lieb; du bist mir wie ein Bruder. Du merkst selbst, daß dein Lebensweg zu Ende geht. Du hast im Leben nichts gehabt,

keine gute Stunde; möchtest du nicht einen Priester? Mit dem könntest du dich aussprechen.‹
Er blickte mich an und nickte:
›Mario, dir zuliebe sage ich ja. Veranlasse du alles.‹
›Ja!‹, freute ich mich, ›das ist eine gute Idee! Ich werde einen Kapuziner-Pater holen, den ich gut kenne. Du wirst sehen, danach fühlst du dich besser.‹
Am Vormittag ging ich hinüber ins Nachbardorf, erzählte dem dortigen Priester Attilios die Geschichte und bat ihn zu kommen.
›Gerne‹, sagte er, ›um zwei Uhr bin ich dort. Ich komme einfach zu dir, Mario, und du bringst mich hin.‹
Es war ein Pater, der selbst gerne eine Zigarette rauchte und von dem ich wußte, daß er Verständnis hatte für alles Menschliche.
Als er kam, führte ich ihn zu Attilio.
›Attilio, hab keine Angst, sag einfach, was du denkst. Ich warte im Nebenzimmer, und du brauchst nur zu rufen, wenn ich kommen soll.‹
Attilio sprach mit dem Priester, und der spendete ihm auch die heilige Kommunion. Als ich herzugerufen wurde, ging ein Lächeln über die eingefallenen Züge:
›O Mario, das war wunderbar!‹.
›Was hättest du jetzt gern?‹ fragte ich – ›ah, ich

weiß schon‹, antwortete ich gleich selbst, hier sind ein paar Zigaretten, rauch eine! Und dann hole ich dir einen Kaffee. Nein drei Kaffee! Wir trinken zusammen einen.‹ Ich ging hinüber in die Küche und bat um das Getränk. Ich bekam's, brachte es, und wir tranken.
›Ach Mario‹, sagte Attilio. ›Ich bin so froh, so glücklich jetzt. – Und du hast mir dazu verholfen.‹ Müdgeworden legte er sich zurück und schlief ein – für immer. Die Schwester Oberin kam herein und wollte es nicht glauben:
›Was, der hat gebeichtet? Das ist unmöglich!‹
›Doch‹, sagte der Pater, ›er hat die Sakramente empfangen und eben ist er lächelnd eingeschlafen.

Ein lieber, kleiner Patient war Gabriel. Ein italienisch sprechender Blondschopf, blaß im Gesichtchen, aber mit fröhlichen Augen. Er stammte aus Padua und mochte etwa acht bis neun Jahre alt sein. In keiner Klinik hatte man ihm helfen können. Er lag auf einem Wasserbett und war trotz seiner Schmerzen sehr geduldig. Nie hat er geweint oder gejammert.
Ich besuchte ihn alle Tage. Er wurde immer schwächer, aber er hat sich nie beklagt.
Eines Morgens ging ich hinein und sagte:
›Gabriele, come va?‹ (Wie geht's, Gabriel?)

›Gut‹, gab er zurück, ›bleibst du heute bei mir?‹
›Möchtest du es?‹
›Ja‹, sagte er mit großer Freude und fuhr fort:
›Heute nach der Messe in der Kapelle kommt der Priester und bringt mir die heilige Kommunion – danach werde ich sterben.‹
So blieb ich an seinem Bett sitzen, nachdem der Priester, begleitet von den Klosterfrauen, gekommen war und ihm die Kommunion erteilt hatte. Zehn Minuten später sprach Gabriel mit seiner leisen Kinderstimme:
›Mario, es ist so schön!‹ Dann fiel er in die Kissen zurück und war tot.

Die Unheilbaren fanden im Jesu-Heim ein Dach auf Lebenszeit. Doch sie waren für immer von der Außenwelt abgeschnitten, und ich überlegte, wie man ihr Los mildern und ihnen eine Freude bereiten könnte. Da kam mir die Idee eines Kino-Apparates; ich könnte ihnen Filme zeigen und sie dadurch für ein paar Stunden ihr Leid vergessen lassen. Die Oberin sagte: ›Was dir nicht alles einfällt!‹ Aber ich machte sofort mit Eifer die halbe Welt närrisch, bis ich alles beisammen hatte. Ich fuhr nach Bozen und ging in die Geschäfte: ›Bitte könnten Sie mir nicht dies leihen und jenes? Ich brauche das für die Kranken vom Jesu-Heim! Bitte, sagen Sie mir nicht nein!‹ Die Geschäftsleute waren nicht leicht zu überreden, aber schließlich sahen sie ein, daß es gut wäre. Denn ich erzählte ihnen vom Heim und sagte: ›Als Gesunder kann man sich von den Verhältnissen dort kein Bild machen. Überlegen Sie, da kommen die armen, unheilbaren Menschen im Kindesalter auf der einen Seite des Gebäudes hinein, und nach Ablauf ihres Lebens verlassen sie es auf der anderen Seite, um in den Friedhof geschafft zu werden.‹

Der Himmel hat mir geholfen durch gute Menschen, die Verständnis besaßen und ein offenes Herz; ich brauchte nur wenig zu bezahlen – verwendete dazu etwas erspartes Geld – oder auch gar nichts. Und obwohl es anfangs nach dem Krieg nur schwarz-weiße Stummfilme gab, brachten sie doch ein ganz klein wenig Abwechslung in den tristen Alltag.

Einmal, es war Spätherbst und schon sehr kalt, geschah ein eigenartiger Vorfall. Ich saß eines Sonntags an der Pforte. Da ging die Tür auf, und es kam einer herein und bettelte:

›Bitte, bitte, ich hab so kalt, ich hab so kalt!‹

Es kamen immer wieder arme Leute, die um eine Suppe oder um ein Stück Brot baten. In einem so großen Heim, dachten sie, fällt sicher etwas ab. So sprach ich zu dem Fremden:

›Setzen Sie sich auf die Bank im Vorraum, ich werde derweil etwas aus der Küche holen zum Aufwärmen.‹ Und dann ging ich los. Es gab an diesem Tag Reis – ich kann mich noch gut erinnern. Ich bekam eine Schüssel voll; zu der Klosterfrau, die gerade dabei war, Fleisch zu zerkleinern, sagte ich: ›Bitte tun Sie mir etwas Fleisch rein, ich decke es gleich mit dem Reis wieder zu, draußen ist ein Frierender!‹
Ich bekam's und eilte freudig zurück zur Pforte, hielt dem Mann die dampfende Schüssel hin:
›Hier, essen Sie! Und haben Sie keine Eile, ich bin bald wieder da.‹ Schnell stieg ich hinauf in den zweiten Stock, wo sich die Nähstube befand. Dort erbettelte ich ein frisches Hemd, eine Hose und eine Unterhose.
›Bitte schenkt mir für ihn auch ein Paar Socken!‹
›Was willst du eigentlich noch? Was fällt dir ein?‹ wehrte sich die Schwester. Aber ich ließ nicht locker, bis ich alles beieinander hatte. Frohgemut sprang ich mit meiner Beute treppab. Nachher, so nahm ich mir vor, würde ich bei der zuständigen Klosterfrau darum bitten, ob er nicht hereinkommen dürfe, um sich zu waschen und abzuduschen.
Wieder in meinem Pförtnerzimmer, sah ich in den Vorraum – und erschrak. Erschrak so, daß mir die Kleider aus der Hand fielen. Ich stürzte

hin zu dem Mann. Er lag am Boden, neben ihm die Schüssel mit Reis. Ich schob seinen Kittel zurück und fühlte nach dem Puls. Er hatte keinen mehr ... Mühsam erhob ich mich, schloß die Tür – rief den Arzt an – holte die Schwester Oberin. Benommen lehnte ich an der Wand, die Wäsche wieder auf dem Arm; da kam Doktor Nikolussi und die Polizei. Ich glaube – aber ich bin nicht sicher –, daß der Fremde auf dem Friedhof im Jesu-Heim begraben wurde.

Im Heim gab es ein Stockwerk, in dem Kranke lagen, die ihren Aufenthalt bezahlen konnten – auch sie unheilbare Dauerpatienten. Hier lebte eine ältere Frau, Witwe eines Arztes. Sie war ganz allein, hatte nur einen Neffen in Kairo. Italienisch verstand sie nur einige Worte, Deutsch nicht viel. Da habe ich mir gedacht, ich will Englisch lernen, daß ich wenigstens, wenn ich mit der Post hinaufkomme, in ihrer Sprache ›Guten Morgen‹ sagen kann. Das freut sie sicher. Alle Tage lernte ich ein wenig, aber mit der Aussprache tat ich mich schwer.
Außerdem wußte ich, daß sie gerne Artischocken aß – und die gab es im Heim natürlich nie. Da bin ich nach Bozen gefahren und habe ihr welche mitgebracht. Auch Jahre später, als ich nicht mehr im Heim wohnte, habe ich sie immer

wieder besucht, weil ich wußte, wie einsam und verlassen sie war. Ich hatte inzwischen so viel gelernt, daß es zu einer einfachen englischen Unterhaltung reichte.
Wiederum Jahre später erhielt sie, nun hochbetagt, an einem Karfreitag einen Brief von mir.
›Oh, a letter from Mario!‹ habe sie freudig ausgerufen, meine Zeilen gelesen – und war mit meinem Brief in der Hand gestorben.
Ich habe mir immer gedacht, sie könnte meine Mutter sein ... aber meine Verwandten schimpften oft:
›Keine zehn Lire besitzt du, aber die verschwendest du an solche Personen!‹
Vergebens versuchte ich ihnen zu erklären, daß, wenn ein Einsamer, ein unheilbar Kranker, morgens aufwacht und auf seinem Nachttisch eine Karte mit einem Gruß findet, ihm dieser Gruß Freude und neuen Mut bringt. Und dafür gebe ich gerne meine wenigen Münzen aus.

Girlans Postbote

Verschiedene Male schon war es dunkel geworden im Zug, ohne daß die Wagenbeleuchtung anging; ich mußte meine Lektüre unterbrechen. Offenbar schoben sich die Geleise unter den Bergen des Ligurischen Apennin hindurch. Doch jetzt wollte die Finsternis überhaupt nicht mehr weichen. Und die Wagen fuhren immer langsamer ... Dazu eine Hitze, wie in einem Pizzaofen! War der Strom ausgefallen? Nein! Der Tunnel tat sich auf und – welche Überraschung – der Zug stand in »Genova Centrale«, im Hauptbahnhof Genuas.

Das Abteil leerte sich. Ich belegte meinen Platz mit einer Tasche und verschaffte meinen Beinen auf dem Bahnsteig den ersehnten Auslauf.

Bald schon blies wieder Fahrtwind, es ging der Küste entlang nach Westen – in den Abend hinein. Etwas müde war ich schon. Um sechs Uhr in der Früh hatte ich mein Haus im Filstal verlassen, war nur ein Jahr jünger als Mario und als Landtierarzt das Sitzen überhaupt nicht gewohnt.

Wie ein Tierarzt aus Süddeutschland einen solchen Mann in Ligurien kennengelernt hat, wollen Sie wissen?

Es ist schnell erklärt. Im Jahr 1982 fand in einem Stuttgarter Hotel ein Seminar über Geistheilung mit dem Amerikaner Sherwood statt. Da ich mich nach meinem Psychologiestudium auch intensiv mit Parapsychologie beschäftigte, besuchte ich diese Veranstaltung. In der Hotelhalle wartete ich auf den Aufzug. Als sich seine Tür öffnete, entließ er einen ganzen Pulk von Menschen. Darunter befand sich ein Mann, an dem ich fast nicht vorüberkam. Nicht körperlich. Er schritt hinter anderen Personen, etwa in einem Meter Abstand von mir. Dennoch – und das ist mir in meinem Leben weder davor, noch danach passiert – zog mich dieser Fremde, der nichts tat, als vor sich auf den Boden zu schauen, derart in seinen Bann, daß ich, auf meinem Zimmer angekommen, dieses auf der Stelle wieder verließ und hinabeilte, um im Speisesaal und den sonstigen Aufenthaltsräumen nach ihm zu suchen. Ich fand ihn. Wir wurden Freunde – das ist jetzt zehn Jahre her.

Gut, aber nun trennten mich noch knappe zwei Stunden vom Wiedersehen mit Mario, und die wollte ich nutzen. Ich begann das Kapitel »Briefträgerzeit in Girlan« zu korrigieren, in dem die ganze Breite von Marios menschlicher und mystischer Erlebniswelt einem entgegentritt.

»1950, einige Tage vor Ostern«, berichtet Mario, »starb der Briefträger von Girlan, ein älterer Herr. Sein Gehalt war derart schmal, daß niemand Lust hatte, die verwaiste Stelle anzutreten. Da ich alle Tage vom Heim aus das Postamt aufsuchen mußte, war ich dort bekannt, und so sprach der Postmeister zu mir:
›Herr Borgogno, möchten Sie nicht als Briefträger bei uns eintreten? Wir würden Sie gerne nehmen.‹ Das Angebot lockte mich. Zum ersten Mal – ich war bald achtundzwanzig – könnte ich etwas verdienen. Auch wollte ich nicht mein ganzes Leben im Heim verbringen, denn es gab einiges, das mir mißfiel: Auch Personen, die ein Ordenskleid tragen, können sehr hart sein – und das tat mir immer weh.
Im Jesu-Heim habe ich meine Absicht, zur Post zu gehen, geäußert. Die Schwester Oberin zeigte Verständnis, aber die Sekretärin war dagegen.
›So fein wie hier bei uns findest du es draußen nicht!‹ argumentierte sie.
Ich aber meinte:
›Verhungern werde ich nicht. Es gibt so viele Bauern im Dorf, und da wird wohl einer eine Kammer für mich haben!‹
Und was tat die Sekretärin? Sie telefonierte nach Bozen, verlangte den Direktor der Post und sagte folgendes:

›Wir im Jesu-Heim haben gehört, der Mario Borgogno soll die Briefträgerstelle in Girlan erhalten. Aber ich bitte Sie, mit diesem Jungen ist nichts anzufangen, der hat ja Anfälle, Epilepsie!‹
›Ja wer spricht denn dort?‹ wurde nachgefragt. Und die Sekretärin:
›Hier ist die Direktion vom Jesu-Heim.‹
Enttäuscht beendete der Postdirektor das Gespräch mit den Worten:
›Ja wenn das so ist, können wir ihn nicht nehmen.‹ Anschließend rief er den Postmeister von Girlan an:
›Ich habe gehört, Herr Borgogno hat Anfälle.‹
›Was?‹ staunte der alte Postmeister, ›seit acht Jahren läuft dieser Mann in Girlan herum, und noch nie hat er einen Anfall gehabt. Das hat die Sekretärin nur behauptet, damit sie ihn behalten kann. Im Heim geben sie ihm keine Lire und jetzt, da er was verdienen könnte, erfinden sie Lügen über ihn.‹

Meine Briefträgerzeit in Girlan, die insgesamt vier Jahre dauern sollte, konnte beginnen.
Bei einer Faßbinderfamilie bekam ich ein Zimmer unterm Dach. Sie waren selbst arm, die Zanis. Außer den Eltern mit ihren drei Kindern war noch eine Oma im Haus und ein Bruder. Ich half in meiner freien Zeit im Haushalt mit und

bekam ab und zu einen Teller Suppe. Heute noch freuen sie sich, wenn ich zu Besuch komme, und besonders die Kinder hängen sehr an mir.
Morgens um halb acht begann ich auf dem Postamt. Ich habe durch das Austragen viele Menschen und Familien kennengelernt und konnte immer wieder helfen.
Die Leute kamen oft zu mir mit ihren Sorgen und fragten um Rat. Ich sagte ihnen, ich will für euch ein Gebet verrichten, so gut ich's kann. Sie hatten Vertrauen zu mir und öfters hörte ich später: ›Danke, Mario, es ist alles gut gegangen.‹
Einmal begegnete mir eine Frau. Sie war Bäuerin, hatte einen Mann und drei Söhne. Aber seit einiger Zeit litt sie unter Depressionen. Sie sagte:
›Herr Mario, bitte helfen Sie mir. Man blickt mich im Dorf an, als wäre ich nicht mehr normal.‹
Zuerst wußte ich nicht, was antworten, also bat ich in meinem Inneren: ›Bitte, Herrgott, leg mir auf die Zunge, was ich sagen soll. Und zu meiner eigenen Verwunderung sprach ich zu der Frau:
›Nur noch kurze Zeit Geduld, gute Frau, dann wird es besser werden. Das ist eine Krise, haben Sie keine Angst!‹
Einige Monate später begegnete ich ihr wieder, und voller Freude erzählte sie:

›Alle hatten mich aufgegeben, außer Ihnen. Und dann kam die erstaunliche Wende; der Arzt selbst hat von sich aus gesagt: Da muß jemand geholfen haben!‹
Die Bäuerin blieb gesund und hat lebenstüchtige Kinder großgezogen.

Zum erstenmal in meinem Leben besaß ich nun Geld. Nicht nur, daß ich meinen Briefträgerlohn erhielt, nein, auch meine Versehrtenrente war eingetroffen. Auch davon erfuhr ich im Traum. 1948 hatte ich den Antrag gestellt, 1949 wurde er zweimal abgewiesen, weil irgendwelche Papiere nachgeliefert werden mußten.
Nachdem endlich alles beieinander war, dauerte es trotzdem zwei volle Jahre, bis sie endlich eintraf.
Eines Morgens im Amt sagte ich zum Postmeister:
›Heute wird ein neuer Postsack ankommen für die Wertbriefe, er hat rote Streifen und ist oben versiegelt. In ihm befindet sich ein großes, rotes Kuvert, darin acht mit Maschine beschriebene Blätter und auf der Rückseite ist eine grüne Karte angeheftet, die ich unterschreiben muß, denn es handelt sich um meine Rente.‹ Dabei habe ich vor Freude geweint!«
Auch jetzt beim Erzählen – nach fast vierzig Jah-

ren – wurde Mario so vom Geschehenen ergriffen, daß er beim Sprechen stockte und ihm keine Worte mehr kamen. Das passierte bei all seinen Berichten immer wieder, oft vier- oder fünfmal an einem Nachmittag.

Die Post traf ein – der neue Sack mit den roten Streifen war nicht dabei. Na ja, dachte ich mir, die Post aus Rom kommt sicher erst mit dem Nachmittagszug. Der Postmeister war mehr als skeptisch auf mein begeistertes Reden hin und sprach in väterlichem Ton:
›Ja Mario, glaubst du wirklich?‹
›Ja, ganz bestimmt. Ich weiß, es kommt.‹ Ich war meiner Sache absolut sicher. Nachmittags holte immer der Sohn vom Postmeister im Nachbardorf Eppan, wo die Züge hielten, die Post ab. Um halb vier etwa kam er zurück nach Girlan und brachte, was angekommen war. Aber der erwartete Sack war wieder nicht dabei.
›War da nicht noch ein Sack?‹ fragte der Postmeister seinen Sohn. ›Mario spricht seit heute morgen ständig vom ihm und behauptet, er wisse, was darin sei. Mir ist's gleich so unwahrscheinlich vorgekommen, was er dahergeredet hat.‹ Es waren noch andere Leute dabei, als dies gesprochen wurde. Da sagte der Sohn betreten:
›O Papa, es tut mir leid. Wir haben Karten ge-

spielt und anschließend habe ich aus Versehen den Sack – es ist wirklich einer gekommen – liegenlassen.‹

›Dann machst du auf dem schnellsten Weg, daß du nochmals runterfährst und ihn holst!‹ schimpfte der Postmeister. Sein Sohn besaß ein kleines Motorrad, und so war er rasch wieder da. Aha! Ein neuer Sack ... mit roten Streifen und versiegelt! Das Äußere stimmte haargenau. Und auch das Innere.«

Nun eine Begebenheit ganz anderer Art, denn hier erhielt Mario seine Information nicht im Traum, sondern mitten am Tag, und zwar von einem Paßbild. Hören Sie seine Erzählung.

»In meiner Briefträgerzeit in Girlan – es muß 1951 gewesen sein, am ersten oder zweiten Sonntag im März – ging ich zur Frühmesse und hinterher begegnete ich auf der Straße einer Frau, die für mich die Wäsche stopfte. Sie rief:

›Ach Mario, wo gehst du hin? Komm ein wenig zu uns hinunter, bei uns ist's warm (ich selbst hatte ein ungeheiztes Zimmer), ich mach' uns einen guten Kaffee!‹

›Ja gerne‹, erwiderte ich und ging gleich mit.

In der warmen Stube stellte sich nach kurzer Zeit auch der Sohn ein. Er war Briefmarkensammler. Wie immer zeigte er mir seine neuesten Marken

und erzählte, welche er getauscht und welche er gekauft hatte. Später holte er ein Photo, auf dem ein junger Mann abgebildet war. Dieser hatte ein nettes Aussehen, frisch und mit feurigen Augen. Und Karl, der Sohn, fragte mich:
›Was hältst du von dem?‹
Ich nahm das Paßbild in die Hand, und im selben Moment traf mich ein starker, von Kopf bis Fuß wirksamer Schlag, wie wenn Starkstrom durch einen Körper rast. Augenblicklich ließ ich das Bild fallen und erschrak zutiefst, so etwas hatte ich noch nie erlebt. Karl lachte und fragte mich:
›Was ist mit dir los, Mario? Du hast eben ausgesehen, als hättest du einen Stromschlag bekommen.‹
Besorgt suchte mein Blick die Augen des Jungen:
›Karl, das ist nicht zum Lachen. Du schwebst in Gefahr! Es stimmt was nicht mit deinem Freund.‹
Und dann fuhr ich fort und wußte wiederum nicht, woher mir das kam: ›Du wirst eine Einladung erhalten, Karl, von diesem Menschen, Aber bitte, nimm sie nicht an. Ich geh' nicht weg, eh du mir nicht versprochen hast, wenigstens zehn Tage lang keine Einladung von deinem Freund anzunehmen. Du könntest es sonst bitter bereuen.‹
Natürlich glaubte der Junge mir nicht. Er dachte

wohl, der Mario ist übergeschnappt. Doch seine Mutter, die alles mitangehört hatte, bat ihn: ›Sag wenigstens mir zuliebe ja!‹ Da endlich überwand er sich und gab das Versprechen.

Eine Woche verging; am darauffolgenden Sonntag – nach der heiligen Messe – begegnete ich wiederum der Kofler-Mutter:
›Heute ist's noch kälter als vor acht Tagen‹, sagte sie, ›komm runter und wärm dich, Mario!‹
Als wir in die kleine Küche traten, saß dort Karl – er war damals neunzehn –, starrte in eine italienische Zeitung und weinte.
›Karl, was ist mit dir? Fehlt dir was? Ist etwas mit deiner Schwester?‹ fragte ich.
›Nein, nein, Mario‹, schluchzte er, öffnete die Zeitung und hielt sie mir vor die Augen.
Es war eine Sonntagsausgabe und auf dem mittleren Blatt stand großgedruckt: *›Chronik der Stadt Bozen‹*. Darunter: *Festgenommen, als er aus dem Juwelierladen mit Beute heraustrat* ... Und daneben war das Paßbild abgedruckt, das mir aus der Hand gefallen war vor Schreck.
›Mario, du hast mich gerettet. Weißt du, er hat mich tatsächlich gestern mittag angerufen. Ich sollte mit ihm nach Bozen fahren. Er wollte mir die Fahrt bezahlen und auch ein Abendessen. Aber dann ist mir eingefallen, was ich dir ver-

sprochen hatte. So habe ich eine Ausrede benützt und gesagt, daß es heute nicht möglich sei. Gottlob, sonst säße ich jetzt wohl auch im Gefängnis.‹

»Durch Psychometrie«, erklärte Mario, »konnte ich den Jungen warnen.«

Psychometrie heißt übersetzt Seelenmessung, meint aber nur, daß man durch Berührung eines Gegenstandes etwas erfahren kann, wenn man eine starke Empfindsamkeit besitzt. Je stärker der Gegenstand gefühlsbetont aufgeladen ist, umso stärker ist die Reaktion beim Empfänger.«

Nachdem Mario die Zeitung gelesen hatte, sagte er:

›Karl, sei doch bitte so gut und gib mir nochmals das Paßbild deines Freundes.‹ Mario nahm es in die Hand, nichts war mehr zu spüren.

»Was man alles fühlen kann! Fast nicht zu glauben«, beurteilt Mario selbst hinterher dieses Vorkommnis. Und man darf hinzusetzen: ebenso kaum zu verstehen, sind seine Eingebungen, wenn er, wie hier, vor einer Einladung warnt und dazu noch einen Zeitraum von zehn Tagen nennt.

Eine solche spontane Aussage machte Mario auch, als die Mutter der Frau Zani, bei deren Familie er in seiner Briefträgerzeit wohnte, zu

ihm kam. Die Oma – sie war Kriegswitwe, herzkrank und sehr lieb – sagte voller Vertrauen zu ihm:
›Mario, Sie wissen, daß meine Tochter in den nächsten Tagen ein Kind bekommt. Ich wünsche mir so sehr, daß es diesmal ein Mädchen wird, denn einen Buben haben wir ja schon. Mario, Sie können das machen! Bitte!‹ Trotz oder gerade wegen der Kindhaftigkeit der Äußerung und des Glaubens, der zum Ausdruck kam, hat Mario den Wunsch der alten Frau so stark empfunden, daß er zu ihr sagte:
»Morgen früh um sieben Uhr werden Sie zum zweitenmal Oma, und es wird ein Mädchen sein.«
Dies ereignete sich Anfang Oktober 1953, und Mario hatte gerade Urlaub. Und da er insgeheim dachte ›lieber Gott, jetzt mußt du mir helfen, nicht daß ich eine Enttäuschung bereite‹, reiste er noch am Nachmittag ab zur Wallfahrtskirche in Maria Trens. Dort übernachtete er, um am anderen Morgen um sieben Uhr zur heiligen Messe gehen zu können. In Girlan aber gebar, genau um sieben Uhr früh, Frau Zani ein gesundes Mädchen. Als Mario heimkehrte, strahlte die Oma:
»Ich hab's ja gewußt, auf Mario ist Verlaß!«

Die folgende Geschichte zeigt uns Marios Wesen deutlicher. Lassen wir ihn selbst erzählen.

»Einmal, als ich die Post austrug, begegnete ich dem Pfarrer. Dieser war neu in Girlan, erst einige Monate am Ort. Er blieb stehen und rief mir entgegen:
›Ah, da kommt der Briefträger! Sie machen mir Konkurrenz!‹
›So‹, antwortete ich, halb beklommen, halb erfreut. Der Pfarrer merkte das und sagte schnell:
›Keine Angst, es freut mich, daß ich Ihnen das sagen darf. Ich habe doch die Buben im Dorf zum Unterricht. Und Sie wissen sicher, wo Wein wächst, wie hier in Südtirol, da wird auch kräftig geflucht. Die Kinder hören dies und machen es nach. Darüber habe ich in der Schule gesprochen und die Schüler gebeten, künftig das Fluchen zu unterlassen. Da ist aber einer von ihnen aufgestanden und erklärte mir:
›Herr Pfarrer, das betrifft uns nicht. Wir fluchen schon lange nicht mehr!‹
›Ach‹, wunderte ich mich, ›und wie kommt das?‹
›Wissen Sie, was der Bub da geantwortet hat? – Weil wir es Mario, dem Briefträger, versprochen haben. Er hat gleich gemerkt, daß wir fluchen und er hat uns aufgefordert, wenn uns etwas

drückt, sollten wir zu ihm kommen, aber fluchen sollten wir nicht mehr. Und dann sagte er noch: Wenn ihr sehen würdet, wie eure kleine Seele sich zusammenzieht beim Fluchen – das ist schon bei einem Erwachsenen furchtbar traurig, aber bei einem Kind einfach schrecklich! Das hat uns beeindruckt, und da versprachen wir's ihm!‹ Das hat mich richtig gefreut. – Aber dann habe ich noch nachgefragt, warum es denn immer so wenig nützt, wenn ich so etwas von ihnen erbitte.

›Ja‹, sprach der Schüler, ›Sie mahnen uns, weil es Ihre Arbeit ist. Aber wenn Mario so was sagt, klingt das ganz anders. Er spricht überall, wo er hinkommt, mit den Kindern, er mag uns. Und das zieht.‹

Maria

In meine Girlaner Briefträgerzeit fiel auch die Heilung Marias, einer Insassin des Jesu-Heims.
Als ich, zwanzigjährig, ins Jesu-Heim kam, war Maria etwa fünfundzwanzig Jahre alt. Sie mußte auf den Knien rutschen, weil Beine und Füße verkrüppelt waren. Dabei war das braunhaarige Mädchen mit den lebhaften Augen und der kräftigen Stimme intelligent und wünschte sich brennend, am Leben teilzunehmen. Und so litt sie sehr im Heim.
Marias Mutter war eine arme Bauernmagd, Maria ihr außereheliches Kind. Deshalb wuchs sie bei den Großeltern auf, ganz oben in den Bergen. Mit vier Jahren bekam Maria Kinderlähmung und verkrüppelte. Da brachte ihre Mutter sie ins Heim, wo sie sich also bereits einundzwanzig Jahre auf dem Boden rutschend aufhielt.
Im Sommer durfte Maria einige Monate zur Mutter, im Herbst, wenn es kälter wurde, mußte sie ins Heim zurück. So ging es jahraus, jahrein.
Maria arbeitete in der Nähstube und war dort wegen ihrer Geschicklichkeit sehr geschätzt. Wir begegneten uns fast täglich, und ich fühlte, wie

sehr sie unter ihrem Schicksal litt. Manche Kranke nehmen es einfach hin, aber Maria konnte das nicht.

Eines Tages – ich war inzwischen Briefträger in Girlan – habe ich wieder einmal alle meine lieben Bekannten im Heim besucht. Maria, die mir ganz abgemagert vorkam, sagte zu mir:

»Mario, ich bin lebensmüde. Was ist das für eine Zukunft? Ich krieche auf dem Boden herum wie ein Staubsauger. Die Schwestern sagen, niemand hat es angenehmer als du, die Treppen zu reinigen, wo du ohnehin auf dem Boden kriechst, sei zufrieden! Weißt Mario, das tut mir furchtbar weh, daß die Klosterfrauen so gar kein Verständnis haben für mich. Ich möchte sterben.‹ Sie kauerte am Boden, ich daneben – voller Schmerz. Nach einer Weile fuhr sie fort: ›Schau, ich bin innerlich so kaputt, daß ich keinerlei Nahrung mehr bei mir behalten kann. Und hier bekomme ich höchstens mal eine Tablette oder einen Sirup dagegen. Ich bin am Ende.‹

›Maria, hab Geduld‹, antwortete ich. Jetzt kommt der Sommer, da darfst du wieder heim. Und bevor du heimfährst, das verspreche ich dir, werde ich etwas für dich unternehmen. Gott wird mir schon einen Weg zeigen!‹

An meinem freien Tag setzte ich mich in die Bahn und fuhr nach Trient. Dort sollte ein guter

Arzt sein, hatte ich gehört, ein Orthopäde, ein Professor. Zu ihm ging ich.

›Herr Professor Pazzi, darf ich Ihnen meine Freundin bringen? Könnten Sie mir einen Termin geben? Sie hat ein Fußleiden. (Natürlich sagte ich nichts davon, daß sie auf den Knien rutschte.) Und sie leidet seelisch so darunter, daß sie keine Nahrung mehr bei sich behält. Bitte, darf ich kommen und sie bringen?‹

›Ja, bring sie am Donnerstag‹, dröhnte seine Stimme.

Der erste Schritt war gemacht. Gott wird weiterhelfen. Da war zunächst das Problem, wie ich Maria hinbringen sollte. Mit der Bahn waren es wohl 70 Kilometer. Aber vom Heim mußte ich mit ihr ja erstmal nach Bozen auf den Bahnhof. Da fiel mir ein, ich könnte beim Roten Kreuz anfragen. Dort traf ich Herrn Tomasi. ›Bitte, können Sie mir helfen? Ich muß am Donnerstag ein Mädchen vom Jesu-Heim nach Trient ins Spital bringen und wieder zurück. Was würde das kosten?‹

›Herr Tomasi war sehr freundlich und überlegte. Schließlich meinte er:

›Ich bin nur ein kleiner Beamter und kann das nicht entscheiden. Suchen Sie den Präsidenten auf und fragen Sie dort. Ich gebe Ihnen die Adresse.‹

Also ging ich dorthin. Hatte Glück. Traf nicht ihn an, sondern seine Frau. Mit ihr, die sehr mitfühlend war, besprach ich alles und bat:
›Bitte helfen Sie mir, ich habe Angst, mit dem Präsidenten zu verhandeln.‹
›Ah‹, rief da Frau Mich, ›da kommt mein Mann gerade!‹ Ich faßte mir ein Herz:
›Herr Präsident, würden Sie uns helfen? Es handelt sich um ein Mädchen in den Zwanzigern, die ich zu einem Arzt nach Trento bringen muß, aber sie kann nicht gehen.‹
›Auf Krücken?‹
›Nein, sie hat keine Krücken, sie muß auf Knien rutschen. Aber im Auto kann sie sitzen. Haben Sie ein Auto? Aber halt nicht das teuerste, daß ich nicht in die Schulden komme.‹
Der Präsident und seine Frau blickten sich an.
›Wissen Sie was, ich komme selbst und nehme meine Frau mit. Zu welcher Zeit sollen wir sie abholen?‹
›Wenn es geht, um ein Uhr.‹
›Das läßt sich machen!‹
›Bitte, was wird das kosten?‹
›Ach, lassen sie mal, da komme ich ihnen schon entgegen.‹
Am Donnerstag kam ein schöner Wagen vorgefahren. Als das Ehepaar das Mädchen sah – Maria wartete voller Freude – sagte der Präsident:

›Herr Borgogno, wir Gesunden haben tausend Sorgen und Wünsche, und dieses Menschenkind hier strahlt und lacht, weil wir kommen und es zum Arzt fahren. Alles, was in meiner Macht steht, will ich gerne tun.‹
Wir fuhren los, und 10 Minuten vor 15.00 Uhr waren wir im Spital. Maria rutschte auf den Knien hinein, aber es machte ihr nichts aus, sie war glücklich.
Punkt drei kam Professor Pazzi aus dem Ambulatorium und rief, als er nur mich sah: ›Also?‹
›Guten Tag, Herr Professor‹, wollte ich beschwichtigen, ›ich bin mit Maria gekommen.‹
›So? Ich sehe aber keine Maria, wo steckt sie, zum Kuckuck!‹ grollte er ungeduldig. Da entdeckte er sie, wie sie sich mühsam die letzte Treppenstufe auf den Knien heraufschob, und rief mit lautschallender Stimme, daß alle Türen aufgingen und Schwestern und Ärzte zusammenliefen:
›Borgogno, Sie sind verrückt! Was glauben Sie! Ich bin doch kein Heiliger!‹
›Ich weiß, Herr Professor, aber ich bin überzeugt, Sie werden dem Mädel helfen. – Wenn sie wenigstens wieder etwas im Magen behalten könnte, dann wäre schon viel gewonnen.‹
›Aber von den Beinen und Füßen haben Sie mir nichts gesagt!‹ beschwerte er sich.
›Ich habe mir gedacht, das sehen Sie schon.‹

›Borgogno, Borgogno!‹ drohte er mir lächelnd mit dem Finger. Aber Sie haben recht: Dazu sind wir ja da, wir Ärzte. – Gut, dann fangen wir an! Was tun Sie derweil?‹

›Ich, Herr Professor, werde eine Kirche in der Nähe aufsuchen und beten, daß Sie den richtigen Weg finden.‹

Eine italienische Klosterfrau kam, ihr übergab ich Maria und bat: ›Helfen Sie ihr, sie spricht nur ein paar Worte Italienisch, aber es wird schon gehen.‹

Um sechs Uhr stand ich wieder vor Professor Pazzi.

›Die Magen- und Darmgeschichte hängt mit der seelischen Belastung zusammen. Dafür gebe ich Ihnen Medizin mit. Sie ist ein braves Mädchen, und die Verdauungsstörungen werden abheilen. Auch mit den Beinen gibt es eine Möglichkeit. Wir könnten durch Operationen so viel bessern, daß Maria mit einem Stock gehen kann, aber vier bis fünf Operationen werden schon nötig sein. Ich brauche das Einverständnis der Mutter, dann übernehme ich den Fall. Anfang Oktober kann sie zur ersten Operation kommen. Danach sollte sie wieder ins Heim bis zur zweiten Operation.‹

Wir sprachen später mit der Mutter, und Maria flehte: ›Mutter, erlaube es mir!‹

Die aber zögerte und sagte: ›Ich weiß nicht – wir besitzen kein Geld, um so etwas zu bezahlen.‹
Glücklicherweise hatte ich damals einen Betrag auf der Seite, denn erst kurz vorher war mir eine Rente zugesprochen worden wegen meiner Verstümmelung durch die Granate und dabei war eine Nachzahlung angefallen. Ich sagte daher:
›Nur keine Angst, ich werde für alles aufkommen. Und später, wenn ihr einmal etwas beieinander habt, könnt ihr einen Teil zurückgeben; und sollte das nicht möglich sein, macht es auch nichts. Marias Gesundheit ist wichtiger als anderes.‹ So habe ich auch im Jesu-Heim gesprochen. Hier aber sah man meine Pläne nicht gern. Sie sagten mir ins Gesicht, und es tat mir sehr weh:
›Wenn Maria verkrüppelte Beine hat, dann ist das Gottes Wille und so soll es bleiben.‹
Ich entgegnete: ›Wenn sie achtzig wäre, die Maria, aber sie ist doch noch so jung! Und intelligent ist sie auch – und sie leidet so unter ihrem Zustand! – Ich möchte nur‹, und das war meine Bitte am Ende dieser unerquicklichen Auseinandersetzung, ›daß ich Maria nach der Operation wieder heraufbringen kann.‹ Es wurde mir schließlich gestattet; aber man fügte hinzu, daß diese Extrabehandlung von Maria nicht nötig gewesen wäre.
›Sie‹, entrüstete sich die Sekretärin, ›hätte auch so

leben können. Wo käme man hin, wenn man da bei jedem Kranken anfangen wollte!‹

Im Oktober wurde Maria operiert, im Dezember kam sie wieder ins Heim. Später wurde weiteroperiert, und so ging es über eineinhalb Jahre. Alles verlief gut. Bei jedem Verlassen des Spitals zahlte ich, was zu entrichten war.

Nach zwei Jahren gelangen Maria die ersten Schritte. Sie weinte vor Freude.

›Es ist das erstemal in meinem Leben, daß ich stehen kann!‹ Sie hatte wieder Lebensmut gewonnen, und auch ihre Mutter war selig.

Als Maria endgültig aus dem Spital entlassen wurde, sagte der Verwalter zu mir:

›Da wären noch die Honorare für den Professor und die anderen Ärzte zu bezahlen!‹ Er gab mir eine Liste aller, welche bei den Operationen und Behandlungen mitgewirkt hatten und sprach:

›Suchen Sie diese Herren der Reihe nach auf.‹

Als erstes ging ich zu Professor Pazzi. Als ich ihn um die Rechnung bat, brüllte er mich an:

›Was fällt dir ein? – Es ist alles bezahlt, ich schenke es dir! Komm her mit deiner Liste! Da hast du meine Unterschrift.‹

›Aber Herr Professor Pazzi . . . .‹

›Sei still! – Es war gut, daß du Maria hierhergebracht hast, mehr ist nicht zu sagen.‹

Da habe ich mich bedankt und bin zum nächsten Arzt gegangen. Der reagierte genauso:
›Das kommt gar nicht in Frage, daß ich dafür Geld nehme!‹ Und so mußte ich bei allen fünf Ärzten keine einzige Lire bezahlen.

Nach Marias Heilung fuhren wir ins Pustertal. Dort, in Ehrenburg, wohnte ihre Mutter. Maria blühte auf, und ihr Lachen erklang den ganzen Tag. Sie hing sehr an mir, ich glaube, sie hatte sich richtig in mich verliebt. Ich aber sah in Maria nur eine Schwester.
›Maria‹, versuchte ich zu erklären, ›ich hab dich so lieb, daß ich dir alles geben würde, aber zum Heiraten bin ich nicht der Mensch.‹ Und ich betete, daß Maria über die Enttäuschung hinwegkommen möge.
Erst viele Jahre später berichtete sie mir, sie habe einen lieben Mann gefunden, Invalide mit nur einem Bein. Er war Witwer mit sechs Kindern, und Maria fand den Mut, ihn zu heiraten.
Sie sind glücklich miteinander geworden, haben eine nette Wohnung, die Kinder sind jetzt groß, und Maria hat keine Sorgen.
Oft bin ich bei ihnen eingeladen. Rudi, ihr Mann, und ich sind gute Freunde.«

Des Herrgotts Telefon-Nummer

O, jetzt hieß es aufpassen! Ich durfte die Bahnstation Imperia/Oneglia nicht versäumen – schon einmal war mir das passiert. Sitzt man bei diesen langen Zügen in den letzten Wagen, und der Zug hält, ist oft, schaut man hinaus, noch keinerlei Stationsschild in Sicht. Aussteigen oder nicht aussteigen? Aber diesmal – kein Problem!

Mario stand schon auf dem Bahnsteig. Ich entdeckte ihn unter der Menge.

Es ist ein kleiner, unscheinbarer Mann, auf den ich zusteuere. Er steht dort zwischen den Menschen etwas verloren und hilflos – er sieht ja wenig und hört wenig. Sein weißes Haar leuchtet im Abendlicht. Er trägt einen hellbraunen Anzug, aus dessen einem Ärmel eine Plastikhand hervorschaut.

Welche Freude, wieder einander nahe zu sein!

Mit dem Bus fuhren wir weiter. Als wir bald darauf in San Lorenzo ausstiegen, waren bereits die Lichter angegangen. 21 Uhr – und 30 Grad zeigte das Thermometer. Ich war erschöpft und müde, doch schlafen bei solcher Backofenhitze ... Außerdem werden sie hierzulande jetzt erst munter, die Leute, die Motorräder, die Autos.

Es brodelte von Stimmen und Geräuschen. Also gingen wir zunächst ins »Aurora«, aßen dort eine Pasta, und ich genehmigte mir einen vino rosso dazu und einen Grappa. Anschließend war ich wieder leidlich munter, und wir setzten uns in Marios Küche, machten alle Fenster auf und sprachen miteinander.

»Das sind aber elegante Stiefel, die du da trägst«, begann ich verwundert, als mein Blick auf seine Schuhe fiel, »die Kaufhäuser im Himmel scheinen dich gut zu beliefern?«
Mario lachte.
»Ja, ja! Spotte nur, aber ich habe wirklich einmal ›hinauftelefoniert‹ um ein Paar Schuhe. Es war in meinen Hungerjahren in Girlan. Meinen Briefträgerposten hatte ich an einen anderen Mann abgegeben, arbeitete danach als Telefonist bei einer Transportfirma in Bozen. Nach deren Auflösung kehrte ich arbeitslos ins Dorf Girlan zurück. Nun begannen dreieinhalb Jahre, in denen ich zum Leben zu wenig, zum Sterben zu viel hatte. Ich wohnte wieder bei Familie Zani in der Dachkammer. Meine Gesundheit war schlecht, beinahe jede Nacht erlitt ich eine Gallenkolik. Nur, wenn der Briefträger einmal krank war, durfte ich einspringen und konnte mir ein paar Lire dazuverdienen.

In dieser Zeit begab sich folgendes.
Meine Schuhe waren durchgelaufen und jetzt im Herbst bekam ich oft kalte und nasse Füße, was sich bei meinen Bauchbeschwerden doppelt schlimm auswirkte. Da fiel mir ein, dem Herrgott einen Eilbrief zu senden, sprich, ein Extragebet zu tun. ›Bitte hilf mir‹, bat ich, ›ich habe ja keine trockenen Schuhe mehr und ich kann keine neuen kaufen. Habe die alten ausgelegt mit Zeitungen, angefangen mit der ›Unità‹, der kommunistischen, bis zum ›Osservatore Romano‹, den Mitteilungen des Vatikans.
Aber nicht einmal letztere haben gegen das Eindringen des Regenwassers geholfen. Bitte hilf nun du! Hab' nasse Füße und leere Taschen. Und oft schäme ich mich, mit solch zerrissenem Schuhwerk auf die Straße zu gehen. Ich schulde auch der Hausfrau noch was. Und von der Verwandtschaft bin ich ausgeschlossen. Schau, lieber Herrgott, ich habe alles Mögliche versucht, aber ich konnte keine Lire für Schuhe auftreiben. Und die alten sind ja dutzendmale geflickt. Jetzt naht der Winter. Ich weiß, du kannst mir helfen, und ich weiß, du hilfst mir auch.‹ Und was geschah in der darauffolgenden Nacht? Ich träumte von einem Wettschein der Staatslotterie. Ich träumte die Farbe, die Stadt, die Nummer und den Betrag, den ich einsetzen sollte. – So kratzte ich am

nächsten Tag das letzte bißchen Geld zusammen und ging nach Bozen in eine Annahmestelle. Es war ein Freitag und schon die letzte Stunde, zu der man noch wetten konnte. Ich hatte im Traum gesehen, ich müßte die Stadt Turin wählen, dazu die Zahl 79; und 500 Lire sollte ich einsetzen. Das waren nach damaliger Rechnung etwa 50 Pfennige. Außerdem hatte ich einen eigenartigen Stempel aufgedrückt gesehen, wie von Hand geschrieben, und darauf glaubte ich den Namen Turin gelesen zu haben, war mir aber darüber nicht ganz sicher. Deshalb fragte ich das Fräulein:

›Haben Sie einen Stempel in Handschrift?‹

›Ja‹, antwortete sie, ›einen haben wir: Turin!‹

›Ah, den nehme ich.‹

›Und wieviel?‹

›Genau 500 Lire!‹

›Gut.‹

›Also dann werde ich nächsten Freitag kommen und meinen Gewinn abholen!‹ schmunzelte ich.

›Ja sind Sie denn so sicher?‹ lächelte das Fräulein.

›Selbstverständlich, ganz sicher!‹

Normal werden die Gewinne am Montag ausbezahlt; aber die bei mir zu erwartende Summe war winzig, und das Fräulein hatte versprochen, mir den Betrag bis Freitag aufzubewahren.

Am nächsten Freitag also kam ich wieder.

›Ja, Sie haben gewonnen!‹ rief das Fräulein und zahlte mir 5500 Lire aus.
›So, und jetzt setze ich nochmals auf ›Turin‹ und auf die Nummer 79!‹ verkündete ich ihr. Sie schüttelte den Kopf:
›Zweimal hintereinander dasselbe! Da verlieren Sie wieder alles!‹
›Nein, nein! Ich werde nochmals gewinnen. Aber ich setze nicht alles, sondern nur wieder 500 Lire.‹ Auch in diesem Fall gab's einen Gewinn und – unglaublich – noch ein drittes und ein viertes Mal! Das Fräulein war perplex.
›Wie machen Sie das?‹
›O‹, gab ich zurück, ›ich habe jemanden angerufen, im Himmel da oben, und der hat mir geholfen, weil ich so nötig Schuhe brauche.‹
Und dann ging ich mit meinen vier Gewinnen in ein Schuhgeschäft, das Ware mit kleinen Fehlern verkaufte. Solche werden zu mir passen, dachte ich, habe ja selbst auch meine kleinen Mängel. Es fehlt mir ein Auge, das Gehör und ein halber Arm, mehr Schwachstellen werden die Stiefel in diesem Geschäft auch nicht haben. Zu einem günstigen Preis erhielt ich ein Paar mit Fehlern im Oberleder. Da habe ich mich gefreut wie ein Kind, und der Verkäufer meinte, er habe noch nie einen Menschen gesehen, der wegen ein Paar Schuhen so glücklich war.

Ich hatte durch diesen sparsamen Einkauf sogar Lire übrig. Das reichte noch zu einem Paar Socken und einigen anderen Kleinigkeiten für den Winter.
Als ich wieder zuhause war in meiner Dachstube in Girlan, da dankte ich meinem Herrgott: ›Du bist der beste Freund, den ich habe! Weißt, und da haben sie mich einmal gefragt, ob ich an die Vorsehung glaube.‹ Ich habe geantwortet: ›Ja wenn *ich* nicht daran glaube!‹ Alles was ich anhabe – und das ist jetzt auch gleich die Antwort auf meine ›eleganten‹ Stiefel da drüben – alles was ich anhabe, das bekam ich von lieben Mitmenschen. Soll ich da noch zweifeln? Ich habe eine bestimmte Telefonnummer, und die rufe ich in der Nacht an und bringe vor, was ich zu sagen habe. Immer füge ich hinzu: ›Wenn du es für gut hältst!‹
Mit einem Anzug ist es mir einmal ganz ähnlich ergangen. Der alte war an den Ellbogen, am Kragen und unten an den Aufschlägen durchgescheuert und trotz meiner Reparaturen – ich hatte ja ein wenig vom Schneiderhandwerk gelernt – glich er mehr einem geflickten Lappen als einem Kleidungsstück. So betete ich: ›Herrgott, du weißt bestimmt eine Familie, wo der Mann zu viele Anzüge im Schrank hat. Oder vielleicht hängt irgendwo ein Ärmel heraus – ich kann ihn

reinnähen – laß es mich wissen, bitte! Hilf mir, es kommt der Winter.‹

Zwei bis drei Tage später begegnete ich einem fremden Paar auf der Straße. Die Leute hielten inne, und die Frau fragte:

›Sind Sie nicht der Herr Borgogno? Jemand hat mir von Ihnen erzählt. Bitte darf ich Ihnen einen Anzug meines Mannes antragen? Er zieht ihn nicht mehr an, und Sie können ihn vielleicht gebrauchen.‹ Da dachte ich voll Inbrunst: O Herrgott, du bist wunderbar!«

»Vieles in deinem Leben, Mario, ist Beweis dafür, daß Gott antwortet.«

»Ich glaube, Kurt, um was wir aus reinem Herzen bitten, das wird uns fast immer gewährt. Ich könnte da noch viele Beispiele anführen. Eine kleine Sache zum Abschluß: Ich war ohne Geld und hatte die letzte Briefmarke verklebt. Da bat ich: ›Herrgott, bitte hilf mir weiter!‹ – Am Tag danach traf ein dicker eingeschriebener Brief folgenden Inhaltes bei mir ein: zwei Stoß Schreibpapier, dazwischen Kuverts und ein ganzes Blatt Briefmarken. Doch nebenbei: Die Jahre, in denen ich jede Lire zweimal umdrehte, bevor ich sie ausgab, hatten auch ihre Vorteile. Man schätzt es viel mehr, daß die Sonne scheint und durch sie die Schuhe trocknen und die Kleider. Und wenn man nur noch ein einziges verwaschenes und ge-

flicktes Hemd besitzt und dann plötzlich ein noch gutes geschenkt bekommt . . . .
Aber das muß man mitmachen, sonst kann man es nicht verstehen.«
Jetzt fiel ich aber doch fast vom Stuhl vor Müdigkeit. So erhob ich mich spontan und begann damit, hier in der Küche wie gewohnt mein Bett aufzubauen.
»Oh, du bist müde, entschuldige, ich rede immer zu viel. Morgen erzähl ich dir weiter. Ich wünsche dir eine gute Nacht!«
»Ebenfalls Mario!« brachte ich noch hervor, bevor ich in Tiefschlaf sank.

Geheimnisvolle Nachricht

Ich erwachte früh, baute mein Bett ab und setzte mich auf den kleinen Balkon in die Kühle des Morgens. Erste Autos bogen um die Kurve vor dem Haus, und in der Bäckerei jenseits der Straße war schon Betrieb: zwei Männer mit weißen Schürzen traten aus einer Tür, atmeten die frische Luft, klopften das Mehl von ihren Kleidern und gingen wieder hinein. Über den Dächern San Lorenzos kreisten im Frühlicht die Schwalben. Im Einschnitt der Steilküste erblickte ich hoch droben vor den Bergen den Viadukt der neuen Küstenstraße und winzig klein darauf die Fahrzeuge. Da hörte ich Mario. Und schon war er in der Küche und lachte und sprach Lustiges und Unverständliches und freute sich wie ein Kind, daß ich bei ihm auf Besuch war.

Später gingen wir aus dem Haus, einkaufen und Post abholen. Und da passierte Sonderbares: Mario nahm einen Brief aus dem Fach, hielt ihn in der Hand und fing bitterlich an zu weinen. Ich erschrak, legte meinen Arm um ihn, wollte ihn trösten. Während wir die Straße entlanggingen, beruhigte er sich wieder und begann, mir den Vorfall zu erklären.

»Schau der Brief, den ich da in der Hand habe, der enthält eine sehr traurige Mitteilung. Ich fühle es mit aller Deutlichkeit, denn ein großer Schmerz hat mich bei seiner Berührung befallen. Zuhause werden wir ihn lesen. – So was ereignet sich des öfteren. Weißt du, das ist ähnlich wie bei dem Photo, das mir aus der Hand fiel. Die Wissenschaftler meinen, daß seelische Inhalte in Gegenständlichem gespeichert werden können, also etwa der Kummer, den ein Briefschreiber hatte. Und dies leidimprägnierte Briefpapier wirkt nun wie ein Sender, der seine Botschaft unablässig ausstrahlt. Jeder, der entsprechend sensibel ist, kann sie empfangen. Manch einer hat vielleicht Ähnliches schon erfahren, wenn er jemand die Hand gab und dabei ein unangenehmes Gefühl verspürte oder ein besonders freudiges.

»Mag sein, Mario, Ich selbst habe da keine Erfahrung, aber interessieren würde mich dies Thema schon. Hast du noch andere Erlebnisse dieser Art gehabt?«

»Habe ich. Komm, da vorne kaufen wir noch Mineralwasser, und dann gehen wir heim. Dort reden wir weiter.« Zuhause las Mario zuerst den Brief und gab ihn mir. Es waren die Zeilen eines Freundes aus Südtirol. Er schrieb unter anderem

vom Leiden und Tod seines dreijährigen Töchterchens.
Mario verschwand weinend in seinem Schlafzimmer, um zu beten.
Später am Vormittag saßen wir wieder beisammen, und Mario erfüllte mir meinen Wunsch, mehr über den so geheimnisvollen Vorgang der psychometrischen Nachrichtenübermittlung zu erfahren.
»Ich will dir von einem Polsterkissen erzählen«, fing er an, »das auf eigenartige Weise den Weg zu mir fand. Es gab früher in der Toscana eine Sammelstelle für abgetragene Kleider, Decken und Ähnliches. Diese Stücke wurden aus dem In- und Ausland angeliefert. Aussortiert übernahm dann ein Lastwagen die Ware, um sie auf den Märkten im Land zu billigen Preisen anzubieten. Dieser Verkaufswagen kam alle Monate einmal an meinen Wohnort. Eines Tages hatte er ein schönes, samtenes Polsterkissen dabei, an dem ich Gefallen fand. Von dem Verkäufer erfuhr ich, daß niemand Interesse hatte an diesem Stück. ›Mario, wenn es dir gefällt, nimm es ruhig mit. Verkaufen kann ich's nicht, und zum Wegwerfen ist's zu schade.‹ So also kam es in meinen Besitz.
Bald danach lag mein Kopf zum ersten Mal auf diesem Kissen. Ich schlief ein und träumte etwas ganz Besonderes:

Ich war in Deutschland und sah eine ältere, sehr vornehme Dame. Sie lebte in einem reich möblierten Haus, und es gab Bedienung. Auch waren noch andere Menschen in diesen Räumlichkeiten, offensichtlich lauter Persönlichkeiten. Man unterhielt sich über die Vorgänge der Jahre 1919/1920. Ich hörte Deutsch, aber auch Italienisch. Man redete von ›Venezia tridentina‹. Dieser Ausdruck wurde, wie ich später erfuhr, damals für Südtirol verwendet mit Trentino. Und da sah ich diese Dame. Sie saß in einem hohen Sessel und in ihrem Rücken hatte sie – mein samtenes Polsterkissen! ... Danach bemerkte ich einen Herrn, der mußte ein Minister oder sonst eine sehr hochgestellte Persönlichkeit im damaligen Deutschland gewesen sein. Zwischendurch hörte ich einen Namen nennen; er lautete: General Kurt von Schleicher. –
Soweit also mein Traum. Aus Büchern entnahm ich später, daß General von Schleicher 1882 geboren wurde, 1932 ernannte man ihn zum Reichswehrminister, danach zum Reichskanzler.
Am 30. 6. 1934 wurde er von Hitlers Schergen ermordet. Mir war zur Gewißheit geworden, daß dieses Kissen mir in jener Nacht wahrheitsgetreu eine Szene aus seiner Vergangenheit gezeigt hatte.«

Mario machte eine Pause.
»Zeit und Raum, Mario, das wird einem hier bewußt, spielen in der Psychometrie so wenig eine Rolle wie in deinen Träumen. Du selbst kamst 1922 auf die Welt, und diese Szene im Haus des Generals von Schleicher spielte sich schon 1919/1920 ab.«
»Die Gegenstände können nur aus ihrer Vergangenheit erzählen; wie weit so eine Begebenheit zurückliegt und wo sie sich ereignete, dem sind keine Grenzen gesetzt. Das kannst du auch an meinem nächsten Beispiel ablesen.
Ich bekam einmal eine italienische Militärdecke geschenkt. Eines Tages hatte ich mein Bett abgezogen, kam aber erst abends spät nach Hause. Nun scheute ich mich, den Wäschekasten zu öffnen, denn der knarzte in solch lautem Ton, daß es sicher zu der vorgeschrittenen Stunde den unter mir wohnenden alten Leuten sehr mißfallen hätte. Da nahm ich einfach die Militärdecke, wickelte mich hinein und schlief.
Im Traum dann sah ich mich in einem italienischen Militärlazarett. Es war wie ein Zelt. Ich kam hinein und blickte mich um. In vielen Betten lagen kranke und verwundete Soldaten. Jetzt wurde ein Schwerverletzter auf einer Bahre hereingetragen und auf ein Bett gelegt. Danach erschien ein Arzt, schaute sich den Soldaten an und

schüttelte mit dem Kopf. Dann zeigte er nach gegenüber. Dort stand ein Militärkaplan. Der kam heran, gab dem Sterbenden den Segen und schloß ihm die Augen. – Damit endete der Traum.
Es ist anzunehmen«, ergänzte Mario, »daß dieser Sterbende auf meiner Decke lag.«
Wie stets, wenn Mario erzählte, hatte ich mein Tonbandgerät laufen, um später zuhause alles wortgetreu zu Papier bringen zu können. Nun aber schaltete ich ab und schlug vor, drunten am Meer eine kleine Mahlzeit einzunehmen.
Unterwegs drängte sich noch etwas besonders Erwähnenswertes in Marios Sinn.
»Das will ich dir auch noch erzählen«, sprach er, als wir die Straße vor seinem Haus überquerten, »höre! Eines Abends kam ein Freund zu mir. Er hatte Sorgen. Ich fühlte es. Er war verheiratet, hatte vier Kinder und lebte in Eppan, das an Kaltern angrenzt, wo ich zu dieser Zeit wohnte. Ich fragte gleich nach der Begrüßung:
›Was ist los? Wie geht es den Kindern?‹
›Wie, hast du das geahnt?‹ staunte mein Besucher, ›deswegen komme ich ja gerade. Denk, seit einiger Zeit ist die kleine Monika einfach nicht mehr in Ordnung. Wir waren mit ihr in Behandlung, aber es will nicht besser werden. Zudem ist der Arzt jetzt auch noch in Urlaub gefahren.‹

›Sag‹, antwortete ich, hast du vielleicht ein Photo dabei von der Kleinen?‹

›Ja‹, sagte er und griff in die Tasche. Während er es mir aushändigte, fügte er an: ›Ich würde dich morgen gerne zum Mittagessen bei uns abholen, dann könntest du dich von Monikas Zustand selbst überzeugen.‹ Ich sagte zu, und der Freund aus Eppan ging.

Es war schon fast Nacht. Ich ging in mein Zimmer, nahm das Bild in die Hand, betete und bat den Herrgott, er möchte dieses Kind heilen. Ich hatte ja keine Ahnung, um welche Krankheit es sich handelte, und Monika war erst vier Jahre alt.

Ich betete bis tief in die Nacht. Mit dem Photo in der Hand bin ich eingeschlafen.

Und dann träumte ich, ich sei im Untersuchungszimmer eines Spitals. Dort sah ich Monika – blaß und abgemagert – entkleidet auf einem Tisch stehen. Ein Arzt kam herein, ein älterer Herr – ein Stethoskop baumelte vor seiner Brust – und stellte sich als Dr. Zanoni vor. Aber er trat nicht zu Fuß in den Raum – er kam in einem Rollstuhl hereingefahren. Er blickte mich an und sprach dann in etwas barscher Art:

›Ich werde dir zeigen, wo es dem Mädchen fehlt. Siehst du‹, und er zeigte auf Monikas Unterbauch, der eine ungewöhnliche Farbe hatte, ›das kommt von einer Muschelvergiftung! Vor drei Wochen hat sie am Meer Muscheln gegessen. Den anderen, die dabei waren, hat es nichts getan, sie aber war empfindlich.‹

Er sagte auch noch den Namen der Erreger, Streptokokken, glaube ich, aber daran konnte ich mich nicht mehr genau erinnern. Mir schien, der Bauch Monikas wäre etwas blau und rötlich gefärbt, und äußerte meine Sorge. Der Arzt aber sagte, ich bräuchte keine Angst haben, nur – sie müßte unbedingt ins Spital eingeliefert werden.

›In drei Tagen haben sie's kapiert, daß das notwendig ist. Dann kommt sie – und wird geheilt!‹

Da erwachte ich und schrieb alles auf. Beim Mittagessen teilte ich den Eltern den Traum mit. Doch diese wollten meinem Bericht – und vor allem der aufgezeigten Ursache für die Erkrankung keinen rechten Glauben schenken. Ich sagte:

›Ihr müßt Vertrauen haben. Zwar kenne ich diesen Arzt nicht, aber ich hatte das Gefühl, es sei ein Verstorbener. Sicher aber ist, daß er uns helfen wird.‹ Ich war überzeugt, daß dieser Dr. Zanoni einer der »unsichtbaren Helfer« war. Damit sind Verstorbene gemeint, die Leidenden Beistand leisten.

Die nächsten zwei Tage ging es Monika nicht

besser. Im Ort aber hielt sich eine Ärztin aus Deutschland auf, die Urlaub machte. Sie besah sich auf Bitten des Vaters die kleine Kranke. Ihre Auskunft lautete:
›Sofort ins Spital nach Bozen!‹
Der untersuchende Arzt dort bestätigte die Dringlichkeit der Aufnahme und außerdem – haargenau die Diagnose des Dr. Zanoni, des Rollstuhlarztes in meinem Traum.
Monika genas, wie vorhergesagt, und ich machte mich daran, nachzuforschen, ob es denn wirklich einmal im Bozener Spital einen Arzt im Rollstuhl gegeben habe.
Es hatte ihn gegeben. Vor Jahren schon war er gestorben. Er war besonders kinderlieb gewesen, doch andererseits auch ein Rabautz. Es gelang mir sogar, seine Tochter ausfindig zu machen und mit ihr zu sprechen.«
»Ein Jenseitiger, den du nie gekannt hast, dem du auch nie begegnet bist, hat für dich also das Kind untersucht, dir Diagnose und auch Prognose mitgeteilt. Das ist eine vollkommen neue Realität für mich. Es wird einige Zeit dauern, bis ich das verarbeitet habe.«
»Ich finde, es ist etwas Wunderbares zu bemerken, daß unsere Verstorbenen drüben uns weiterlieben und bereit sind, uns zu helfen!«

Wir waren öfters stehengeblieben und hatten jetzt den halben Weg zum Meer zurückgelegt, als Mario seine Erzählung fortsetzte.
»Jahre später ereignete sich zwischen Monika und mir noch folgendes. Sie war mit der Mutter in der Wohnung, der Vater arbeitete unten in der Stadt im Geschäft, und die Brüder besuchten die Schule. Plötzlich wendete sich Monika an ihre Mutter und bat:
›Mutti, bitte fahr mich zu Papi hinunter ins Geschäft!‹
›Später, Monika‹, antwortete die Mutter, ›ich habe noch zu tun.‹
›Nein, nein!‹ rebellierte die Kleine, ›bitte gleich!‹
›Was hast du denn? Wieso pressiert es dir denn so?‹ wehrte sich die Mutter ärgerlich. Und da kam die unerwartete Antwort:
›Weil Mario jetzt gerade bei Papi ist, deshalb! Ich weiß, er spricht gerade mit Papi!‹
Darauf gab die Mutter nach und fuhr mit dem Töchterchen in die Stadt. Sie traten ins Geschäft, Monika stürzte an ihrer Mutter vorbei, übersah auch den Papi an seinem Pult und stürmte hinein in die Werkstatt. Und wer saß dort? Mario.
›Seht ihr‹, jubilierte die Kleine, ›ich hab's gewußt!‹
Ein andermal fragte Monika aufgeregt ihre Mutter:

›Mutti, was hast du heute gekocht?‹
›Warum, du kleiner Naseweis?‹
›Na, weil heute Mario kommt!‹ Und dabei war ich zu diesem Zeitpunkt, wie das Gespräch nach meiner Ankunft ergab, noch über zwanzig Kilometer von der Wohnung entfernt.
So etwas passiert öfter, hauptsächlich mit Kindern«, fügte Mario hinzu. »Sie fühlen das. Eine zumindest zeitweise, ganz innige Verbindung scheint da zu bestehen.
Aber um noch einmal auf Dr. Zanoni, den Verstorbenen, zurückzukommen, der mich über Monikas Krankheit informierte, da drängte sich mir gleich als Parallele Michel auf, ein etwa elfjähriger Junge aus Frankreich. Das mußt du auch noch hören.
Es war an einem Samstagnachmittag, als ich noch im Heim in Kaltern wohnte. Da kam der Sekretär zu mir und sagte, jemand sei am Telefon und frage an, ob ich morgen nachmittag zuhause wäre. Ich bejahte und erfuhr, daß zu dieser Zeit ein Besuch aus Trient für mich eintreffen würde, ein Ehepaar, das ein ihm bekanntes Ehepaar aus Frankreich mitbringen wollte.
In der Nacht von Samstag auf Sonntag träumte ich folgendes:
Es erschien mir ein Junge, der Michel hieß. Es war jener französische Knabe, den ich vor einigen

Jahren in einem meiner Träume aus einem brennenden Omnibus herausgezogen hatte und der dort sein Leben ließ. Er sprach zu mir:
›Mario, höre zu. Du bekommst Besuch von einem Ehepaar. Das bringt ein Ehepaar mit aus Frankreich – Bekannte. Die Frau aus Frankreich hat ein großes Anliegen. Sie leidet stark an Depressionen, da sie glaubt, sie hätte einen Tumor im Gehirn. Aber es handelt sich nicht um eine solche Geschwulst oder um sonst eine Krankheit im Kopf, sondern die Sache hat folgenden Grund. Dieses französische Ehepaar hat in Südfrankreich ein Haus gekauft.
Es liegt in sonniger Lage am Waldrand. Aber dieses Haus wurde über einem zugeschütteten Brunnen errichtet und das Bett der Frau steht gerade über dieser Stelle. Also mußt du ihr sagen, sie soll so schnell wie möglich aus diesem Haus heraus, dann wird sie von ihrem Leiden befreit sein. Mit einer Handbewegung legte Michel nun zwei Photos auf einen Tisch, die beide dieses betreffende Haus darstellten, einmal in größerem Format in Farbe, einmal kleiner in schwarzweiß. Ich schaute sie mir genau an. Dann entschwand Michel wieder.

Am Sonntag traf der Besuch ein. Die Frau aus Frankreich war über die Maßen emotional erregt und sprach ohne Pause. Die Frau aus Trient hat es mir übersetzt. Ich ließ ihr Zeit, alles loszuwerden, obwohl ich ja schon Bescheid wußte. Danach fragte ich sie, ob sie zufällig einen Jungen kenne von etwa elf Jahren mit Namen Michel, der vor einigen Jahren bei einem Autobusunglück verstorben sei.

›Nein‹, sagte sie, ›warum fragen Sie?‹

›Ich habe deshalb die Frage gestellt, weil dieser Junge heute nacht bei mir war und mir aufgetragen hat, Ihnen mitzuteilen, daß Ihr Kopf kerngesund ist, nur – Sie müssen das Haus, in dem Sie wohnen, verlassen, weil sich darunter ein alter Brunnen befindet, dessen Wasser Ihnen zu schaffen macht. Ich weiß auch‹, fuhr ich fort, ›daß Sie in Ihrer Handtasche zwei Photos haben, ein größeres Farbbild und ein kleineres in schwarzweiß.‹ Darüber war das französische Ehepaar baß erstaunt.

Auf mein Bitten hin versprach mir die Frau, sie werde aus dem Haus ausziehen. Später erfuhr ich, daß sie tatsächlich den Rat befolgte und daraufhin gesundete.

Eine Möwe mit Schutzengeln

Wir landeten im Ristorante »Gabbiano«, wo man herrlich unter einer Markise sitzen und auf die Bläue hinausschauen kann – bis zum Horizont. Mario nahm »Pasta al pesto«, ich Schwertfisch.
»Du Mario«, fragte ich, als wir beim Kaffee waren, »Gabbiano, was heißt denn das?«
»Möwe!« antwortete er.
»Ah, dann bist du ja hier am rechten Platz, Mario. Soweit ich dein umherschweifendes Leben kenne, bist du selbst eine gabbiano: Stimmt's?«
»Na ja, ich glaube ich habe an über zehn Orten gelebt. Bedingt war diese Odyssee oft durch Armut und Hunger, durch Seelenpein oder Krankheit.«
»Aber sicherlich, mein Lieber, trug deine angeborene Reiselust und ein innerer Wunsch nach Veränderung ebenfalls dazu bei, oder nicht?«
Mario schmunzelte.
»Es scheint mir auch so. Nach der Briefträgerzeit in Girlan wohnte ich in Trento, dann wieder in Girlan, darauf in Diano Marina; wieder in Girlan, wieder in Diano Marina, dann in Porto Maurizio, nochmals in Girlan, einen Winter in

Mallorca und noch einmal in Girlan. Dann folgten Diano Marina, Trento, Kaltern, wiederum Diano Marina und endlich San Lorenzo.«
»Na siehst du, die Möwe Mario gibt es tatsächlich!«
Heimgekehrt wurde »siesta« gehalten – eine vorzügliche Einrichtung, an die man sich als Nordländer aber zuerst gewöhnen muß. Mir gelang es noch nicht an diesem Tag, und so arbeitete ich stattdessen an meinen Aufzeichnungen.
Anschließend wanderten wir am Meer entlang, Marios täglichem Spazierweg. Dort begegneten wir einer Oma mit einem kleinen Jungen. Der hielt sich den Arm und blickte besorgt vor sich hin. Mario blieb stehen, bückte sich und fragte ihn:
»Hast du einen bösen Arm?«
»Ja, ganz schlimm!« antwortete der Bub.
Mario darauf mit teilnahmsvoller Stimme:
»Ach, du Armer!«
Die Großmutter aber flüsterte heimlich: »Er hat nur eine winzige Hautschürfung. Aber er wollte vom Doktor ein ganz großes Pflaster haben – am liebsten wäre ihm ein Verband gewesen.«
Mario beugte sich noch einmal hinab:
»Na dann wünsche ich dir gute Besserung!«
Auch im weiteren Verlauf unserer Spaziergänge lächelte Mario in jeden Kinderwagen und allen Kleinkindern winkte er freundlich zu. Beseligt sagte er:

»Weißt, aus ihren Augen schaut noch der Himmel!« Es war nicht zu übersehen, daß Mario selbst viele kindhafte Züge aufwies. Wenn er sich freute, konnte es passieren, daß er in der Stube herumhüpfte. Wenn wir eine Verkehrsstraße überquerten, sprang er mit schnellen Schritten hinüber, auch wenn kein Fahrzeug zu sehen war. Auch bei jungen, spielenden Kätzchen konnte er sich lange aufhalten und ihnen zusehen. Kindlich vertrauend ist Mario und nimmt alles an wie ein Kind. »Mario«, fragte ich ihn, »kannst du dir das erklären?«
»Ich weiß nicht«, antwortete er, »man hat mir einmal gesagt, das hinge damit zusammen, daß ich dieselben Gehirnströme, genauer dieselbe EEG-Frequenz habe wie Kinder, nämlich neun bis zehn Hertz.«
Wir waren jetzt am Wendepunkt von Marios Spazierweg angekommen, am Tunnel.
»Schau Kurt«, rief mein Freund, »die Äste des Busches, welche in die Tunnelöffnung herabhängen, bewegen sich, siehst du's? Gleich wird ein Zug kommen. Der treibt die Luft vor sich her – ah, da ist er schon!« Und bevor ich noch etwas erwidern konnte, fuhr Mario begeistert fort: »Das ist der Schnellzug von Barcelona nach Rom! Schau!« Und dabei war sein vorhandener linker Arm hochgegangen, und er winkte, ob-

wohl ich niemand an einem Fenster erblicken konnte. Er bemerkte mein Befremden und erklärte mir: »Die Züge kenne ich alle. Das wird dich vielleicht weniger wundern, wenn ich dir sage, daß nicht nur mein Vater bei der Bahn war, sondern auch mein Großvater; ferner zwei Onkels, ein Schwager und zwei Neffen. Und mein Winken? Ich winke jedem Zug, obwohl ich weiß, daß ich belächelt werde. Weißt, ich denke immer, es könnte einer drinsitzen, dem diese Zuwendung etwas bedeutet. Es gibt so viele kummervolle Herzen, die dankbar sind für eine kleine Aufmunterung, wie es dieser Gruß am Bahngeleise ist.«

Als wir wenig später auf das Thema Schutzengel zu sprechen kommen und dabei wieder die Hauptstraße überqueren, wird mir Marios schnelles Hinüberspringen etwas plausibler.

»Fünfmal bin ich schon von einem Auto überfahren worden – aber nie habe ich mir dabei weh getan, denk dir! ... Ich glaube an Schutzengel.« Und dann brach mal wieder sein Humor durch: »Ich habe drei! Sie lösen sich im Acht-Stunden-Takt ab und sind stets todmüde nach ihrer Schicht.«

»He, das mußt du aber gleich nachliefern, fünfmal überfahren, wie ging das zu?« wollte ich wissen.

»Beim erstenmal ging ich als Kind mit Viola, meiner älteren Schwester, eine Straße entlang. Da ich auf der anderen Seite war, sprang ich zu ihr hinüber. Einen Tag durfte ich damals von der Schule daheim bleiben. Das war in Meran gewesen. In Bozen auf dem Bahnhofsplatz ging es weiter. Ein Polizist gab das Zeichen ›gehen!‹, schnell kam noch ein Kleinbus daher, und ich lag unter ihm. Man fuhr mich ins Spital – doch nur die Joppe war zu reinigen. In Trento lag ich dann unterm Postauto. Einige Monate später suchte ich mir was Vornehmeres heraus: einen Mercedes! Er fuhr aus der Garage – da war's geschehen. Beim letzten dieser Autoabenteuer schien ein Taxi das geeignete Fahrzeug. Man muß ja alles ausprobieren!«
»Unglaublich!« sprach ich und schüttelte den Kopf.
»Na weißt du«, meinte Mario, »wenn du berücksichtigst, daß ich seit meiner Verstümmelung ganz schlecht höre und sehe... Aber meine Schutzengel, die sind wirklich flink zur Hand!«

»Vom wertvollsten aller Besitztümer«

Als wir später in Marios Küche wieder beieinander saßen und es Abend geworden war, sprach Mario über seinen Glauben.

»Ich denke«, begann er, »daß ich meinen christlichen Glauben hauptsächlich meiner Mutter verdanke. Sie war eine einfache Frau und entstammte einer Bauernfamilie. Von früher Jugend an hatte sie eine starke Bindung an die Kirche. Nicht eine übertriebene. Als Kinder wurden wir nicht jeden Tag in die Kirche geschickt, doch gab es keinen Abend, an dem wir nicht mit Mutter niederknieten und mit ihr beteten. Es waren kleine kurze Gebete – man schlief nicht dabei ein. Und dann redete die Mutter oft vom lieben Jesu, von Gott, von den Schutzengeln, und von den Heiligen. Auch gedachte sie immer der Seelen der Verstorbenen. Mutter nahm uns an den Sonntagen mit zur Kirche und ging auch sonst öfters mit uns auf einen Sprung hinein. Da sagte sie dann: ›Nur einen kurzen Gruß, das freut Jesus.‹ Mir kam es vor, Mutter trat jedesmal neu gestärkt wieder hinaus ins Leben.

Mit acht Jahren erhielt ich die erste heilige Kommunion. Dies war eine große Freude für Mutter; ich glaube, sie ahnte damals schon ihr Ende, denn nur einen Monat später war sie tot.

Als ich hernach in das Waisenhaus kam, wo man täglich zusammen – wie eine große Familie – zur Kapelle ging, da empfand ich es schon als Mangel – es fehlte mir einfach etwas –, wenn ich aus irgendwelchen Gründen einmal nicht hinauf konnte in diese kleine Kirche. Es war immer, wie wenn ich dort einen Freund besuchen würde. Ich habe mir Gott nie vorgestellt wie einen Herrscher oder strengen Vorgesetzten. Nein, für mich war und ist er immer ein ganz lieber Vater.

Als ich zwölf war und Papa starb, empfand ich Leere und Verlassenheit stärker denn je. Aber da gab es in meiner Welt Jesus und Gott – sie wurden nun meine Angehörigen. Ich habe doch jemand, dachte ich mit Freude und mit noch innigerer Hingabe.

Im Religionsfach in der Schule merkte ich gut auf und lernte mit besonderem Fleiß. Auch außerhalb des Unterrichtes – so ich nicht im Stall oder beim Hüten gebraucht wurde – versuchte ich Religiöses zu lernen. Später wollte ich Laienbruder werden.

Aber der Glaube muß Tag für Tag behütet werden. Man muß sich um ihn kümmern, wie um eine kleine Pflanze, die man aufziehen will. Und vor allem, man darf sich nicht entmutigen lassen, wenn einmal etwas vorkommt. Niemand kam als Heiliger auf die Erde. Es nahen auch dunkle Zeiten, wo der Gläubige fast Abneigung empfindet, in eine Kirche hineinzugehen. Das ist normal. Gerade die Heiligen haben das fast alle monatelang und selbst jahrelang mitgemacht. Aber dies ist eine Prüfungszeit. Man soll deshalb nicht verzweifeln. Wenn wir unsere Mitmenschen aus ganzem Herzen annehmen, uns um Kranke, Notleidende und Einsame kümmern, dann ist das die beste Art, seinen Glauben zu leben. Und auf dies kommt es mehr an, als auf Rituale allein.«

»Dessen bin ich sicher, Mario. Bei allem, was wir für wichtig halten, muß für die Armen und für die Schwachen etwas herausspringen, sonst haben wir auf's falsche Pferd gesetzt.«

Mein Ohr berührte seinen Rücken

Nun saß ich wieder im Morgenlicht auf dem schmalen Balkon, sah die Schwalben über den Dächern und sog den Duft ein aus Bäumen, Blumen und Gebüschen. Mario hatte eine gute Wahl getroffen mit diesem San Lorenzo.

Beim Frühstück brachte ich das zum Ausdruck. Mario nickte und meinte:

»Für einen Versehrten wie mich ist's eine Wohltat, wenn die Winter ohne Eis und Schnee sind. Und ich habe mich hier gut eingelebt. Mein Tag beginnt vor dem Kreuz in der Kirche, die ich täglich aufsuche. Dort kann ich alle meine kleinen Sorgen und alle meine Freuden niederlegen. Ich bringe Gott den Morgen- und den Abendgruß – manchmal gehe ich auch über Mittag dorthin. Ich denke: Gehe einfach hin und bedanke dich – Grund hast du ja genug. Mir kommt vor, ich trete jedesmal aus dieser kleinen Kirche heraus mit neuem Mut, mit neuer Kraft, mit neuer Freude. Mein Tagesablauf sieht dann vor Hausarbeit und Selbstversorgung. Einkaufen, kochen, spülen, putzen, dann Post abholen und Briefe beantworten. Ich habe einen großen

Kreis von Freunden und lieben Bekannten. Sie alle teilen mir aus ihrem Leben mit und wenn sie Sorgen haben, so bringe ich sie in meiner kleinen Kirche vor Gott. Es gibt immer wieder eine Seele, die froh ist über ein, wenn auch nur kurzes Gebet. Die Nächte gehören mir auf eine ganz besondere Art, denn in ihnen beginne ich meine Wanderungen zu fremden Schicksalen.

Jedoch auch tagsüber ergeben sich viele Gelegenheiten, da und dort ein gutes Wort zu reden, zu helfen mit Pendel oder Gebet. Es leben in San Lorenzo – wie überall – viele Menschen, die Kummer mit sich tragen. Selbst geistliche Männer sind davon nicht ausgenommen. Darüber gibt ein recht wunderliches Vorkommnis aus dem Jahre 1974 Auskunft.

Es leben viele Rentner hier an der Riviera. Sie stammen meist aus der Poebene und bleiben einige Monate. Alle ohne Frau. Von einer Gruppe solcher wurde ich eingeladen zum Essen. Man fuhr in die Berge hinauf in ein Dorf. Oben angekommen hielt man vor der Bar. Gleich daneben war die Kirche. Vor ihr stand der Priester und er trug sich an, sie uns zu zeigen.

Aber – sonderbarerweise – wollte ich nicht mit hinein! Ich fühlte beträchtlichen Widerwillen. Nur widerstrebend schloß ich mich an. Als meine Freunde mit dem Pfarrer sprachen, hielt ich mich fern. Es war, wie wenn etwas mich gehindert hätte, näher an den Geistlichen heranzutreten. Wenn er sprach, fühlte ich einen Schmerz. Ich weiß nicht, wie man dies Gefühl ausdrücken soll, es tat mir einfach weh, was er aussagte. Es waren nur Fragmente von Worten, die zu mir herwehten, aber schon diese ließen mich fühlen, da stimmt was nicht. Nur aus Höflichkeit schritt ich langsam den Gang hinauf zum Hochaltar. Rings um den Priester standen meine Freunde, und jetzt hörte ich deutlich, wie er über den Bischof und auch den Papst schimpfte. Einer von den Rentnern warnte:

›Vorsicht, jetzt kommt unser Seher!‹

Da wandte er sich mir zu und sprach: ›Haben Sie was auszusetzen? Und wenn Sie wirklich ein Seher sind, wie hier behauptet wird, was sehen Sie?‹

Ich habe etwas gezögert, denn es war nichts Schönes für ihn, was mir auf der Zunge lag. Dann begann ich:

›Hochwürden, es tut mir leid, was ich Ihnen zu sagen habe. Aber was Sie von sich gaben, tat mir so weh, als hätten Sie mich zur Kirche hinausgestoßen. Der Herrgott hat es nicht verdient, daß Sie vor dem Altar so sprechen. Es mag ja sein, daß manches nicht so vollkommen ist, wie es sein sollte. Aber ein Pfarrer sollte so nicht reden. Ihr ganzes Priesterleben war bislang ein einziges Theaterspiel, ohne jede Innerlichkeit, ohne tiefes priesterliches Fühlen. Ich frage Sie: Wann haben Sie zum letzten Mal in Demut gebetet? Und dann frage ich Sie: Ist Ihnen bewußt, daß Sie bereits mit einem Fuß im Grab stehen? Dies Vorkommnis hier könnte eine letzte Warnung an Sie sein. Und morgen früh, wenn Sie die heilige Hostie in die Hand nehmen, dann sprechen Sie zum lieben Gott, daß Sie sich fest vorgenommen haben, Ihr Leben zu ändern und von nun an mit dem Herzen Priester sein werden.‹

Der große, kräftige Mann schaute mir ungläubig in die Augen und brachte nur hervor:

›So was hat noch nie jemand zu mir gesagt. Wie können Sie dies alles nur wissen?‹

›Schon gut, schon gut‹, winkte ich ab, ›ich kann selbst nicht sagen, wer mir diese Worte eingegeben hat. Doch Eingebung muß es sein, weil mir Ihre Person vollkommen fremd ist. Aber eines ist sicher: Ich werde Sie ab heute ganz fest in mein Gebet einschließen.‹

Jetzt verließ die ganze Ausflugsgesellschaft die Kirche und ging in ein Cafe.

In der darauffolgenden Nacht hatte ich einen einzigartigen Traum. Ich sah mich vor dem sogenannten »schwarzen Christus«, dem Kruzifix in der Basilika von Porto Maurizio nahe San Lo-

renzo. Ich sah hinauf zu Christus – war ein Klostermann, barfuß und in Laienkutte. Da breitete ich die Arme aus und sagte:
›Jesus, Heiland, ich weiß nicht, was mir heute passiert ist. Wie konnte ich nur diesem Priester das alles ins Gesicht sagen? Ich wollte ihn doch nicht verletzen. – Weißt, das hat mir so weh getan, daß du gerade vor deinem Hochaltar solche Worte hast mitanhören müssen‹.
Und da sah ich, wie plötzlich die Farbe meiner Kutte sich wandelte – von dunkelbrauner in eine goldweiße Farbe. Mein Herz war voller Freude, und ich hob mich vom Boden und schwebte hinauf zu Christus. Eine Stufe unter seinem Gesicht verhielt ich – aber es war nicht so, als ob ich stehen würde, eher wie wenn ich auf einer Wolke säße.
›Jesus‹, entrang sich's meiner Brust, ›das ist ja wunderbar! Danke! Das habe ich bestimmt nicht verdient‹.
Nun sah ich zu meinem Staunen, wie bei Christus an den Händen und den Füßen die Nägel herausfielen. Dabei blickte er mich so freundlich an. Und dann umarmte er mich ganz fest.
›Jesus‹, sagte ich danach, ›warst du es, der mir diese Worte eingegeben hat? Ich selbst könnte nie so etwas vollbringen. Doch es kam so fließend aus mir heraus, so sicher und bestimmt!‹

Jesus blickte mich an, und ich fühlte große Freude. Dann legte Jesus sein Haupt auf meinen Schoß, ich beugte mich vor – und mein Ohr berührte seinen Rücken ... Mit vor Erregung zitternder Stimme sagte ich:
›Da soll nur einer kommen und behaupten, du seist tot. Ich höre ja dein Herz schlagen, ich spüre es gegen mein Ohr pochen!‹
Es war eine ungeheure Erfahrung, und plötzlich stieg ein Wunsch in mir hoch, und ich bat:
›Ach Jesus, bleiben wir beisammen! Du bist so alleine wie ich! Komm, bleiben wir für immer zusammen!‹
Und Jesus blickte mich lieb an. Dann ertönte ein leises Summen, das in wunderbare Sphärenmusik überging, und alles war in Farben getaucht ...

So bin ich aufgewacht. – Es war der schönste Traum meines Lebens.
Zwei Monate später habe ich durch einen Freund erfahren, daß das, was ich dem Priester vorausgesagt, sich schon zum Teil erfüllt hatte. Er war mit Tetanus, Wundstarrkrampf, ins Spital von Imperia eingeliefert worden, konnte aber noch gerettet werden. Später haben sie mir berichtet, er lasse mich grüßen, und er wäre so dankbar, daß ich ihm die Augen geöffnet und ihm geholfen hätte.

Weniger dramatisch, aber ebenfalls bewirkt durch einen in meinen Kopf eingespielten Text, verliefen zwei andere Begegnungen mit einem Pfarrer.
Eines Tages begegnete ich im Dorf Ehrenburg dem Herrn Pfarrer. Dabei hatte ich das Gefühl, es bedrücke ihn etwas. Da sagte ich:
›Herr Pfarrer, wie geht's?‹
Er antwortete:
›Ich habe Sorgen. Du weißt, ich habe droben in der Kirche den Einbau einer Heizung in Auftrag gegeben. Jetzt aber haben wir schon Spätherbst, und die Arbeiten sind noch lange nicht abgeschlossen. Ich fürchte, daß Schnee kommt und Kälte und wir nicht mehr vorher fertig werden.‹
Darauf sagte ich spontan:
›Haben Sie nur keine Angst, Sie werden Zeit haben bis zum 18. November, erst dann kommt der Schnee!‹
›Das wäre ja herrlich, Mario. Bis Martini, am 11. 11. wollen die Handwerker fertig sein.‹
›Na also,‹ schloß ich, ›bis 18. 11. haben Sie gutes Wetter.‹
So kam es. Am 18. abends begann der Schneefall, am 19. lag ganz Ehrenburg unter einer weißen Decke – die Kirchenheizung aber war fertiggestellt.

Wieder einmal war ich in Ehrenburg zu Gast und wieder mal traf ich mit dem Pfarrer zusammen.
›O Mario‹, sprach dieser, ›jetzt stehe ich da und habe keine Häuserin mehr. Sie mußte ins Krankenhaus. Allerheiligen und die Festtage rücken heran. Da erwarte ich Besuch, viele Menschen kommen in die Kirche, es sind zahlreiche Gottesdienste, was tu ich nur?‹
Wiederum kam aus meinem Mund eine unüberlegte und augenblickliche Antwort:
›Machen Sie sich keine Sorgen. Kurz vor Allerheiligen verspreche ich Ihnen eine neue Häuserin, eine verläßliche, die bei Ihnen bleibt. Wir haben noch acht Tage bis Allerheiligen, und Sie werden sehen, daß es klappt.‹
Was geschah? Am 30. Oktober erhielt der Pfarrer vollkommen unerwartet einen Telefonanruf von einem Geistlichen, der ihn fragte:
›Herr Kollege, brauchen Sie nicht zufällig eine Häuserin? Ich könnte Ihnen eine empfehlen. Es handelt sich um eine gute Frau. Sie könnte sofort bei Ihnen anfangen.‹
Nun, sie kam bereits am nächsten Morgen und blieb bis heute.
Helfen ist das Schönste, was man tun kann . . .!«

Seltsame Zeichen

Als Mario zu Ende war, machten wir einen Spaziergang durch den Ort.

»Auf dem Rückweg kaufen wir auf dem Markt – heute ist hier Markttag – ein gebratenes Hähnchen und ein paar Tomaten fürs Mittagessen«, meinte Mario. Wir gingen los. Ich war gespannt, was es heute wohl an Überraschungen geben würde. Denn eines war mir seit gestern bewußt geworden: Von der Erlebniswelt Marios war mir erst ein Bruchteil bekannt. Und tatsächlich, schon nach einer Viertelstunde – wir überquerten gerade einen Platz – befand ich mich wieder in dieser geheimnisvollen Grenzzone menschlicher Erfahrung, als Mario anfing:

»Vor einem halben Jahr habe ich diesen Platz auch betreten, und zwar mit dem Neffen der Frau, die mir meine Wäsche wäscht. Urplötzlich verspürte ich einen reißenden Schmerz in der Brust. Ich fuhr zusammen, preßte die Hand auf die Rippen, war erschrocken und blaß vor Angst.

›He, Mario, was ist mir dir?‹ fragte mein Begleiter und neigte sich über mich. ›Du siehst ja aus wie der Tod!‹

›Es geht schon wieder‹, gab ich zurück und richtete mich wieder auf. ›Weißt, ich habe ja gar nichts auf der Brust. War neulich erst beim Arzt. Ich vermute, es hat jemand in diesem Augenblick seinen letzten Atemzug getan. Schauen wir mal auf die Uhr. Aha, genau drei Uhr.‹ Wir setzten unseren Spaziergang fort, wobei mich der junge Mann nicht mehr ganz für voll nahm, denn so eine Erklärung für einen Schmerzanfall hatte er noch nie gehört. Aber einige Zeit später – an anderer Stelle im Ort – hörten wir beide, wie zwei Frauen laut miteinander redeten. Die eine sprach erregt auf die andere ein:

›Denk dir, was passiert ist: Vorher, punkt drei Uhr, ist Nino, der junge Tischler, im Spital gestorben!‹ Nino kannte ich, hatte ihm einmal einen kleinen Auftrag erteilt.«

»Ah, ich verstehe, Mario. Wenn schon ein Photo oder ein Kissen Informationen übermitteln kann, um wieviel stärker kann man sich da die direkte Ausstrahlung eines Menschen vorstellen, besonders in einer so extremen Situation, wie sie das Sterben darstellt. Aber, daß dich ein echter Todesschmerz getroffen hat . . . Ich bin verblüfft.«

»Die Fachleute belegen solche Vorgänge mit dem Ausdruck Empathie, und ich denke, daß wir alle verbunden sind wie in einem riesigen Geflecht und daß mich auf diesen Bahnen die Nachricht

erreicht. Ich will dir noch ein paar Beispiele aufzeigen.
Zu der Zeit, als ich in Diano Marina wohnte, hatte sich einmal meine Schwester Viola für nächsten Montag zu Besuch angesagt. Am Samstag vorher stand ich wie gewohnt in der Küche und spülte Geschirr. Ich hielt gerade eine Kaffeeschale in der Hand, als auf einmal – und ohne begreifbaren Grund – die Schale mitten entzweisprang. Die Ränder des Bruches waren bolzgerade und scharf, wie abgeschnitten. Ich blickte sofort auf die Uhr. Es war genau 14 Uhr am 31. 5. 1975. Sogleich war ich fest überzeugt, daß eben ein Mensch gestorben sei – an Herzversagen. Und unversehens sprach ich vor mich hin: ›Ein Verwandter – in Südtirol – Rino Battisti, neunundvierzig Jahre alt.‹
Am Montag stand ich auf dem Bahnsteig, um meine Schwester abzuholen. Aber Viola kam nicht. Erst Mittwoch traf sie ein. Ich nahm ihren Koffer, während sie ihre Verspätung erklären wollte:
›Weißt Mario‹, setzte sie an, ›ich konnte Montag nicht kommen . . .‹
›Schon gut‹, unterbrach ich sie, ›ich weiß Bescheid: am Montag war Beerdigung von Rino.‹
Nachdem Viola den Schock über mein Wissen verdaut hatte, berichtete sie:

›Rino fuhr mit dem Traktor auf's Feld. Während seiner Arbeit legte er eine kleine Pause ein und setzte sich an den Wiesenrain, um sich eine Zigarette zu drehen. Dabei hat er einen Herzschlag erlitten. Bald darauf fand man ihn. Das geschah am Samstag, kurz nach 14.00 Uhr.‹«
»Der Rino«, fügte Mario noch an, »der war ein feinfühliger Mensch und zudem hatte er ein sehr gutes Verhältnis zu mir.«
»Unbegreiflich, Mario, diese Eingebung von Name, Ort und Todesart!«
»Ich kann das auch nicht erklären. Wahrscheinlich weiß noch niemand um die Zusammenhänge. Aber die Wissenschaftler, die sich mit diesen Phänomenen beschäftigen, die Parapsychologen, sprechen von einer angeborenen Begabung.
Nun sollten wir aber umdrehen und dem Markt zusteuern, sonst sind vielleicht die Hähnchen verkauft, bis wir eintreffen«, mahnte Mario.
»Einverstanden!« nickte ich, »aber besinn dich, ob du nicht noch ein Beispiel für dieses ›Schmerzen anderer empfinden‹ parat hast für den Rückweg.«
Aber besinnen braucht sich Mario nie. Alle seine Lebensjahre, alle seine Erlebnisse sind samt den dazugehörigen Daten stets präsent. Er braucht nur danach zu greifen. So begann er ohne Umschweife:

»Es war vor zwei Jahren im Sommer. Einige Tage nach dem ›Imago Mundi-Kongreß‹ in Innsbruck – dort werden alljährlich Vorträge von Wissenschaftlern aus der ganzen Welt gehalten zum Thema des Paranormalen – besuchte ich wieder einmal mein altes Girlan. Und dort geschah folgendes:

Eines Abends, so gegen 18 Uhr – ich war unterwegs im Ort – fuhr mit einem Mal ein furchtbarer Schmerz in mein rechtes Knie. Ich konnte kaum mehr stehen; durch die Straßen hinkte ich nach Hause. Schnell schaute ich auf meinem Zimmer nach, aber weder Schwellung, noch Rötung, noch sonst etwas Auffälliges war an dem Knie feststellbar. Also war mir klar, da mußte wieder jemand an mich gedacht haben, jemand der mit seinem Knie in Schwierigkeiten gekommen war. So ging ich früh zu Bett und betete einen Rosenkranz mehr als sonst – für die Person, die mir diesen ›Gruß‹ geschickt hatte.

In dieser Nacht nun träumte ich, daß ich in Mönchskleidung die Marienklinik in Bozen besuchte. Ich betrat das Spital und stand kurz danach in einem kleinen Krankenzimmer. In einem Bett erkannte ich ein gelähmtes Fräulein aus dem Jesu-Heim. Sie hieß Paula Stocker, stammte aus Aldein in Südtirol und sprach zu mir:

›Danke, lieber Mario, daß du mir geholfen hast. Weißt, es tat so furchtbar weh. Ich fiel vom Stuhl herunter und mußte hierher eingeliefert werden, wo ich gleich operiert wurde. Gestern abend war das – aber nun geht es schon viel besser. Danke, Mario!‹ – Soweit der Traum. Als ich erwachte, war der Schmerz in meinem Knie zwar noch nicht verschwunden, aber er klang aus und war nach kurzem nicht mehr zu spüren.
Eine Woche später begegnete mir auf der Straße eine Klosterfrau vom Jesu-Heim. Bei dieser erkundigte ich mich, wie es denn der Paula Stocker ginge. Die Klosterfrau gab bereitwillig Auskunft und berichtete, die gute Paula habe letzte Woche eilends ins Spital eingeliefert werden müssen, weil sie vom Stuhl gestürzt sei.
›Man hat sie sofort operiert... Aber warum frägst du gerade nach ihr?‹
Als ich's ihr erklärt hatte, blickte sie mich erschrocken an, bekreuzigte sich und flüchtete.
»Geteilter Schmerz ist halbes Leid, könnte man sagen, nicht Mario! Das Schmerzempfinden hat sich auf dich übertragen und du wurdest zum Mitleidenden gemacht. Dies entsprach im Grund der christlichen Moral.«
»So ist es, Kurt. Doch jetzt laß uns einkaufen!«

21 Sparbücher

Wir waren in der Straße mit den Marktständen angekommen und schnell erwarben wir, was wir uns vorgenommen hatten. Am Ende des Marktes zeigte Mario auf ein Plakat und sprach:
»Ein Spendenaufruf für Leprakranke! Vor vielen Jahren hatte ich auch mal damit zu tun.«
Aha, dachte ich, erzählfreudig wie mein Mario ist werde ich nun gleich eine weitere Episode aus seinem Leben erfahren. Und wirklich, Mario begann:
»Weißt, es war 1945, meine Wunden waren noch nicht recht verheilt und das Gesicht blau von den Splittern der Granate. Da raffte ich meine geringe Barschaft zusammen, lieh mir dazu von Freunden einiges, damit ich mir eine Fahrkarte kaufen konnte, um eine Tante besuchen zu können. Als ich dort ankam, empfing sie mich mit dem Aufschrei:
›Ja wie siehst denn du aus!‹
Ich sagte: ›Grüß Gott, Tante. Weißt, das ist auch eine Folge des Krieges. Aber es ist nicht so schlimm. Gott hat mir weitergeholfen.‹
Daraufhin mußte ich etwas ganz besonders Bitte-

res hören. Die Tante, verheiratet mit einem sehr lieben Mann und reich begütert, erwiderte:
›Ach, wegen uns hätte der Krieg noch lange dauern können, uns ist es gut gegangen.‹
›Ja Tante, denkst du nicht an all das Unheil, das der Krieg gebracht hat, an das große Leid, an die vielen, die sterben mußten, an die vielen, die zu Krüppeln geschossen wurden?‹
›Ach was!‹ lamentierte sie unduldsam, ›das schert mich nicht. Wo kommt man hin, wenn man sich um andere kümmert!‹ Da habe ich mich abgewendet und bin gegangen.«
Mario schmerzte diese Erinnerung so, daß er schlucken mußte und es ihm Tränen in die Augen preßte. Als er sich wieder gefaßt hatte, fuhr er fort:
»Es hat mir furchtbar weh getan, und ich habe nur immer gedacht, Herrgott verzeih! Und ich schämte mich, Verwandter einer solchen Person zu sein.
Als diese Tante starb, fand man einundzwanzig Sparbücher – und jetzt komme ich auf das Lepra-Plakat – in ihrem Besitz. Als entferntem Miterben wurde mir eine Summe von 400000 Lire zugesprochen – das mag damals etwa ein Betrag von 500 DM gewesen sein. Ich aber, obwohl Armut mich drückte, konnte mich am Geld, das von dieser Frau stammte, nicht freuen.

›Lieber Herrgott‹, sprach ich, ›ich will die Tante gewiß nicht beleidigen, aber ich weiß einen Missionar in China, der dort ein Lepra-Krankenhaus eröffnen will – und er benötigt Hilfe beim Aufbau. Viel ist es ja nicht, was ich dazu beisteuern kann. Es soll zu Gunsten der Seele meiner Tante gehen.‹«

Wir stiegen die Treppen hinauf zu Marios Wohnung.

»Du, das war aber allerhand!« mußte ich sagen. »Obwohl du nichts zu nagen und zu beißen hattest, gabst du diese umgerechnet über 100 Brote und Suppen einfach hin ... Ich weiß nicht, ob ich das fertiggebracht hätte.«

Die Uhr

Nach Mittagsmahl und Bettruhe rüsteten wir uns wieder zum Aufbruch. Wir beabsichtigten ein Geschäft aufzusuchen, das ein Kopiergerät besaß, denn Mario wollte mir eine Reihe seiner notierten Wahrträume mit auf den Heimweg geben.

»Wo habe ich denn meine Uhr?« hörte ich Mario vor sich hinsprechen. Eifrig Umschau haltend durchwanderte er die Wohnung. »Ah!« hörte ich ihn aufatmen, »da haben wir sie!« Als er die Wiedergefundene über das Handgelenk schob, lächelte er und sprach: »Auch sie hat eine besondere Geschichte – einst trug sie ein Mann mit deinem Vornamen, ein Geschäftsmann. Komm, wir gehen!« Im Hausgang schon erfuhr ich, wie diese Story ihren Anfang genommen hatte:

»Zweieinhalb Jahre – ich glaube, das habe ich dir früher schon einmal erzählt – war ich als Telefonist bei der Firma Transalpe in Bozen angestellt. Im Mai 1958 wurde die Firma aufgelöst, und ich war von da an für viele Jahre arbeitslos. Zum Abschluß jedoch bezahlte mir die Firma noch zwei Monatsgehälter aus, und ich bekam 142000

Lire. Da habe ich mir gedacht, jetzt kaufst du dir eine Armbanduhr. Und dieser Kauf wird mir immer in Erinnerung bleiben.
Ich betrat ein Uhrengeschäft in der Museumsstraße in Bozen. Der Besitzer hieß Kurt Zingerle. Er zeigte mir ein ganzes Tablett voller Uhren, aber ich sagte: ›Nicht diese!‹ Und dann zeigte er mir ein neues Tablett und ich sagte wiederum: ›Nicht diese!‹ Da fragte mich der Mann:
›Was für eine Uhr wollen Sie denn dann?‹
Etwas schüchtern fragte ich:
›Darf ich das sagen?‹
›Sicher!‹
›Ja dann möchte ich die, die Sie selbst am Arm tragen.‹
›So was‹, antwortete er, ›warum wollen Sie gerade die?‹
Ich lächelte:
›Ich denke mir halt, wenn Sie als Fachmann eine Uhr tragen, dann ist die bestimmt von guter Qualität.‹
Jetzt lachte auch er und sagte, er wolle sie mir geben. ›Außerdem‹, fügte er hinzu, ›werde ich Ihnen einen guten Preis machen.‹
›Danke, wenn Sie mir eine Ermäßigung gewähren wollen. Aber ich benötige ein Metallarmband, weil ich mit meiner einen Hand ein Lederband nicht schließen kann.

›Gewiß‹, meinte er, ›aber da müssen Sie am Nachmittag nochmals wiederkommen. Bis dahin richte ich es Ihnen. – Nachmittags ist dann meine Mutter im Laden‹, fügte er noch an.

Um drei Uhr bin ich dann wiedergekommen. Da stand eine Frau im Laden. Kräftige Figur, weißes Haar, die Arme vor der Brust überkreuzt, mit energischen Blicken. Sie sprach mich sofort an:

›Ah, da kommt der Herr Borgogno. Mein Sohn hat mir von Ihnen erzählt. Ich gebe Ihnen auf diese Uhr noch einen Rabatt von 5000 Lire.‹

›Aber gute Frau, ich möchte das nicht, Ihr Sohn hat mir bereits eine Ermäßigung gewährt.‹

Damit kam ich aber nicht an. Resolut gab sie zurück:

›Der Sohn ist volljährig und es war gut, was er getan hat. Da ich aber ebenfalls volljährig bin, kann auch ich darüber befinden, welcher Nachlaß mir angemessen erscheint. Oder nicht?‹

›Aber Frau‹, sprach ich da verwundert, ›ich weiß nicht, wie ich mich bedanken soll.‹ Und wie ich das sagte, wußte ich's plötzlich.

›Frau‹, sagte ich, ›sollten Sie mal die Stunde erleben, wo Sie etwas besonders drückt, werden Sie nie allein sein. Ein kurzes Gebet genügt, und ich werde zur Stelle sein. Dies sei mein Dank.‹

Noch nie hatte ich eine Prophezeiung solcher Art

ausgesprochen, und ich staunte, wie das von meinen Lippen gekommen war.
15 Jahre später träumte ich, ich sei in der Marienklinik in Bozen in einem Krankenzimmer. Da sah ich eben diese Frau im Bett liegen. Es war ein schönes Einzelzimmer, aber Frau Zingerle lag im Sterben. Auf der linken Seite des Bettes gewahrte ich den Sohn mit seiner Frau und einige andere Personen, Angehörige wohl, die ich nicht kannte. Ein Arzt, ein älterer Herr, trat mit seinem Stethoskop von der Kranken zurück und sagte, Mutter Zingerle sei eben verschieden. Auch ein Franziskaner-Pater stand im Zimmer. Den kannte ich. Und ich wußte, daß er einige Jahre vorher schon gestorben war. Voller Freude kam er auf mich zu und sagte: ›Mario, das freut mich aber, daß du hier bist!‹ Und das hat mich gewundert, denn die Lebenden im Zimmer sahen mich nicht, nur der Verstorbene.
Ein Jahr später, ich lebte schon an der Riviera, kam ich mal wieder hinauf nach Südtirol. Und da besuchte ich einen Priester, von dem ich wußte, daß er gute Beziehungen zur Familie Zingerle hatte. Ich wollte erfahren, wie es der Frau Zingerle gehe.
›Ja‹, sagte er, ›die Frau Zingerle weilt nicht mehr unter den Lebenden; vor sechs Monaten ist sie gestorben.‹

Nun, sechs Monate vorher, daß hieß mit anderen Worten sechs Monate nach meinem Traum. Es freute mich, daß ich in ihrer Sterbestunde hatte bei ihr sein können. Vielleicht hat sie mich gesehen? Ich jedenfalls kann bestätigen, daß ich bei ihr war.«

»Es raubt einem regelrecht den Atem, wenn man dich so leichthin erzählen hört von Dingen, die sich jenseits allen vernünftigen Denkens abspielen und für die man beim besten Willen keine Erklärung findet. Wie kann ein Mensch einem anderen versprechen, nur auf ein kurzes Gebet hin bei ihm zu erscheinen? Dann das realistische Erleben des Hinscheidens einer Person, die wohl zu dieser Zeit noch mitten im Leben stand! Und die Begegnung und der Umgang mit einem Verstorbenen! Mir kommt es vor, du fällst mitunter von einer Sekunde auf die andere vom Status eines bedürftigen Invaliden in die Rolle eines Geistwesens, dem Worte und Bilder aus einer anderen Welt zufließen.«

»Weißt, Kurt, ich seh dies alles als Geschenk des Herrgotts, um zum Wohle der Leidenden beitragen zu können. – Schau, hier müssen wir rein!«

Wir hatten das Kopiergeschäft erreicht und betraten es.

Die vergessene Sprache Gottes

»Wie viele von deinen Traum-Protokollen hast du denn mitgenommen«, wollte ich wissen.

»Ach weißt du, nur eine kleine Auswahl – ich denke, es werden ungefähr fünfzig sein. Du kannst dir aussuchen, welche du ins Buch hineinnehmen willst.«

»Gut«, antwortete ich und fügte hinzu: »Über eine Reihe dieser wundersamen Gefährten deiner Nächte haben wir ja schon gesprochen. Was sich da im Schlaf vor deinem inneren Auge abspielt, zeigt auf eine Welt hinter der Welt.«

»Ja, Kurt, schon Salomo spricht davon, daß Träume Botschaften ›von oben‹ sind, und er bittet um ein ›hörendes‹ Herz.«

»Zu deinen Träumen fällt mir immer das Wort ›Offenbarung‹ ein. Sind sie denn nicht das, was einer einmal die ›vergessene Sprache Gottes‹ genannt hat?«

»Wohl schon, Kurt. Und weißt, ich habe früh begonnen, meine Träume in ein Heft zu notieren und später, soweit es möglich war, entsprechende Zeitungsausschnitte, Todes- und Geburtsanzeigen usw. dazuzuheften. Als sich die Wissenschaftler um mich zu kümmern begannen – sie benötigten natürlich hundertprozentige Beweise – schickte ich die Traumprotokolle gleich am anderen Morgen per Post – wegen des Stempels – an Zeugen, bzw. an wissenschaftliche Mitarbeiter. Ich glaube, es sind jetzt an die zwölf Alben, die gefüllt sind mit derartigen Aufzeichnungen. Mir selbst geht es nicht darum, zu beweisen, daß Gottes Allwissenheit, von der ich ab und zu ein Zipfelchen sehen darf, echt ist. Ich empfinde in mir Demut vor der Allmacht Gottes. Helfer sein – bis hinter die Nebelwand aus Zeit und Raum –, das ist meine Lebensaufgabe. Und dies soll auch hier deutlich werden.«

Da dem Kunden vor uns anscheinend die Wahl schwer fiel, für welchen Photoapparat er sich entscheiden sollte, bat ich Mario, nachdem wir uns gesetzt hatten, ein wenig hineinschauen zu dürfen in die Traum-Mappe in seiner Hand.

»Gerne«, meinte er und reichte mir die zwei obersten Blätter. Da las ich:

Ich befinde mich auf Einladung bei lieben Bekannten in Ehrenburg/Südtirol. Man schreibt den 28. 7. 1975. Ich erwache morgens um 5.45 Uhr und bin ganz darnieder. Traurig notiere ich folgenden Traum.

Ich sehe auf dem Tisch vor mir eine italienische Zeitung. Sie wird in Mailand gedruckt und heißt

»Il Giorno«. Mit Schrecken lese ich darin, daß ein junges Mädchen, das aus der Schweiz angekommen ist, durch einen Fehltritt beim eiligen Einsteigen in den Zug unter die Räder geriet. Beide Beine mußten amputiert werden.

Während des Lesens vernahm ich eine Stimme, die ständig wiederholte – wie eine Schallplatte, die einen Riss hat: »Bete, Mario! Dieses Mädchen wird viel Kraft brauchen. Bete, bete!« – Außerdem hörte ich: »In sechs Tagen, in sechs Tagen!«

Ich hatte die Stimme gleich erkannt, es war die Stimme von Schwester Edwina Aberham, der verstorbenen Oberin aus dem Jesu-Heim, die oft in meinen Träumen erscheint, insbesondere dann, wenn es sich um besonders schwere Fälle handelt. Ich sehe diese Klosterfrau so, wie sie einst lebend vor mir stand. (Mario hatte zu ihr ein besonders inniges Verhältnis, sah er doch in ihr all jene Eigenschaften verwirklicht, die für ihn den Inbegriff gelebten Christentums ausmachten.)

Weinend fragte ich die Schwester Oberin:

›Warum muß das geschehen?‹

›Wenn du mal hier bist, wo ich mich befinde, dann wirst du es verstehen, das warum? Nicht weinen, Mario, beten‹! antwortete sie.

Aber ich weinte noch lange. – Dann ging ich zum Frühstück. Als ich beim Kaffee saß, fragten meine Freunde:

›Was ist los mit dir? Hast du wieder mal was zusammengeträumt? Ach, das ist furchtbar mit dir!‹ Man glaubte mir nicht. Ich aber betete. Die Tage vergingen. Es kam der 2. August, der 6. Tag. Mein Herz war immer schwerer geworden. Ich fühlte, das Unglück würde eintreten und betete. Was hätte ich sonst tun können.
Zwei Tage später, am 4. August, wurde ich gebeten, ins Nachbardorf Kiens hinüberzugehen und in der dortigen Fleischhauerei einiges zu besorgen. In diesem Ort gab es ein kleines Tabak- und Zeitungsgeschäft. Dorthin begab ich mich und fragte zitternd, ob es zufällig noch ein Exemplar des »Giorno« von gestern gäbe.
›Ja‹, erwiderte die Verkäuferin und griff unter den Ladentisch, ›eine haben wir noch hier.‹ Da ich weinte, sah mich die Frau mit großen Augen an und fragte:
›Ist was?‹ Ich antwortete stockend:
›Ich befürchte Schlimmes, liebe Frau. Ich habe vor acht Tagen in dieser Zeitung etwas Furchtbares gelesen im Traum. Bitte‹, bat ich, ›schlagen Sie die Chronik von Mailand auf. Da steht: *Ein Mädchen aus der Schweiz, ungefähr neunzehn Jahre alt, kam gestern um 5.30 Uhr unter die Räder des Zuges im Mailänder Hauptbahnhof. Beide Beine mußten amputiert werden.*‹ Die Frau hatte in der Zeitung mitgelesen. Jetzt rief sie entsetzt:

›Das ist ja furchtbar, daß Sie das geträumt haben!‹
Die Zeitung habe ich mitgenommen.
Das Mädchen selbst habe ich niemals gesehen, habe auch später keinen Kontakt zu ihr gehabt. Seit diesem Traum sind über fünfzehn Jahre vergangen, aber ich denke noch alle Tage an sie und bete von ganzem Herzen, daß Gott ihr die Kraft geben möge, im Leben immer tapfer zu sein.
Lange Zeit nach dem Unfall erfuhr ich durch einen Zeitungsbericht, daß dieses Mädchen eine ganz besondere Willenskraft entwickelte. Ich will nicht sagen, daß mein Gebet ihr geholfen hat, aber ich meine, jeder sollte den anderen als Bruder sehen. So wäre es richtig.
Ob ich dem Mädchen vom Mailänder Bahnhof einmal begegne, ist nicht so wichtig. Ich habe es auch nie versucht. Eines Tages aber, wenn wir über die Schwelle gegangen sind, werden wir uns begegnen. Dessen bin ich gewiss.

Auf dem zweiten Blatt fand ich einen Traum aus jüngster Zeit. Er war vom 18. 11. 1989 datiert, Ort: San Lorenzo. Mario schreibt:
Ich sehe im Traum vor mir ein Photo. Es stellt eine Familienaufnahme dar. Sie hat Postkartenformat. Vorne steht ein Bub von etwa acht Jahren, daneben ein Junge, der etwas kleiner ist.

Dahinter erkenne ich eine noch junge Frau und einen ebensolchen Mann, vermutlich die Eltern. Ich kenne niemanden. Nun wird dieses Photo größer. Die Abgebildeten erreichen Lebensgröße. Da tritt der achtjährige Junge aus dem Bild und steht leibhaftig vor mir. Blaß ist er, und er wirkt schwach und kränklich. Er blickt mich lieb an, umarmt mich, streichelt meine Wange und spricht fröhlich:
›Ich kenne dich. Du bist der Mario. Und du hast alle Kinder lieb, vor allem die kranken. Ich hab dich auch lieb!‹ Da fragte ich nach seinem Namen, und er antwortete freudig und rasch: ›Stephan heiße ich, Stephan!‹
Ich hatte die ganze Zeit das Gefühl, Stephan will mich besuchen, bevor er himmelwärts fährt.
Erwache, bin traurig. Dieses Bild werde ich wohl nie mehr im Leben vergessen. Ich weine und bete und denke immer wieder an Stephan.
Stephan Rabensteiner starb sechs Wochen später, am 1. 3. 1989 in Villanders in Südtirol im Alter von acht Jahren nach vierjähriger schwerer Krankheit.
»Kurt, wir sind dran!« drang da wie aus der Ferne eine Stimme an mein Ohr. Mechanisch reichte ich die zwei Seiten zu Mario hinüber. Nur allmählich konnte ich mich aus dem Bann dieser Träume lösen.

Erpressung

Wir gingen das kleine, baumumstandene Sträßchen hinunter, das zur Kirche führte. Ehe wir das Gotteshaus betraten, sprach Mario:

»Weißt, wenn ich in eine Kirche gehe – bevor ich hineintrete, beim Griff auf die Klinke –, da stehe ich meistens für einen Augenblick ganz still und spreche innerlich zum Herrgott:

›Erschrecke nicht, jetzt komme ich mit meinen vielen Bitten.‹

Ach mein Lieber, wird er dann denken, gibt es wirklich keinen Ort auf der Erde, wo ich vor dir sicher bin. Du bist ein Kind geblieben – bei dir nützt alles nichts! Aber ich glaube, es freut ihn doch. Er sieht mein Vertrauen. Denn wenn ich um etwas für jemanden bitte, dann bedanke ich mich schon im voraus dafür. Ich glaube, Gott kann alles, nur eines kann er nicht: Eine kindlich vertrauende Seele im Stich lassen ...

Ich glaube, daß er meine Bitte erfüllt, und dafür danke ich. Gott sagt nie: Weil du brav warst, bekommst du dies oder das. Er sagt nur: Dein Glaube hat dich geheilt ...« Nun traten wir durch das Portal.

Nach einer stillen Andacht in der Kühle der heiligen Stätte setzten wir unseren Weg und unser Gespräch fort. Mario begann:
»Einmal allerdings, da habe ich es nicht mehr ausgehalten – ich muß es zu meinem Bedauern gestehen. Da war ich in einer solch miserablen Verfassung, daß ich Gott nicht nur um etwas gebeten habe, sondern ihm drohte und ihm einen Termin setzte.«
»Du spinnst ja, Mario!« fuhr ich dazwischen, »sowas ist undenkbar – und hundertmal undenkbar ist für mich, daß gerade du das getan haben solltest.«
»Doch, Kurt, es war so. Höre, was es damit auf sich hatte.« Wir lehnten uns im Schatten über die Mauer hinter dem Bahnhof, wo man einen herrlichen Blick genießt hinüber über die Bucht nach Porto Maurizio.
»Jahrelang hatte ich unter Gallenkoliken gelitten. Aber erst als ich einmal im Zug bewußtlos wurde und man mich in Pavia ins Krankenhaus befördert hatte, kam es zu einer Operation. Das war im Juni 1963 gewesen. Ende des Monats wurde ich entlassen und kam hinauf nach Girlan, wo ich bei Frau Zani wieder in der Dachkammer ein Unterkommen fand. Die Wunde war aber noch nicht verheilt, und ich fühlte mich sehr schwach. Die Zanis halfen mir, wo sie konnten. Jeden

zweiten Tag mußte ich hinüber ins Nachbardorf gehen nach Eppan, zum Arzt. Er behandelte die Wunde und verband sie. Im Wartezimmer saß ich immer, bis alle dran gekommen waren. Dachte mir, diese Frau hat Kinder daheim, bei jener wartet der Mann oder die alte Mutter, bei mir wartet niemand.
Trotz aller Bemühungen des Arztes wurde es mit der Wunde nicht besser. Juli, August, September, Oktober, November, immer dasselbe: Eiter und Blut floß aus der Tiefe des zehn Zentimeter langen Schnittes. Heiligabend rückte näher.
Am 23. Dezember ging ich wiederum hinüber nach Eppan.
›Herr Doktor, wie lange wird es noch dauern?‹
›O Mario, es wird wieder werden, aber bis Ostern mußt du dich schon gedulden. Du bist einfach zu schwach, hast zu wenig Heilkraft im Körper; solltest besser zu essen haben.‹
›Verstehe‹, war alles, was ich herausbrachte, ich hatte kaum Hoffnung. ›Morgen‹, fügte der Arzt hinzu, ›kommst du noch einmal. Ich werde dich neu verbinden, denn über die Feiertage verreise ich in meine Heimatgemeinde.‹
Abends saß ich in meiner kalten Dachmansarde. Ich hätte schon ein Feuer anzünden können, aber seit der Explosion setzten mich Feuer und Gas in Angst. Lieber blieb ich in der Kälte.

Bevor ich mich an diesem 23. Dezember auf die Pritsche legte, stellte ich mich vor das Kreuz über meinem Bett und sprach:
›Lieber Heiland, hast du gehört, was der Doktor gesagt hat? Es wird noch Monate dauern! Stell dir vor, und ich besitze keine Gutscheine mehr für ärztliche Behandlung und Medikamente. Hast du auch gelesen, was meine Schwester geschrieben hat? Ich hatte bei ihr angefragt, ob ich sie Weihnachten besuchen dürfe; sie schrieb: Ich habe keine Lust Besuche zu empfangen noch selbst Besuche zu machen. Es bleibe jeder in seiner Hütte! – Und meine Pension ist auch nicht eingetroffen. Ich habe keine einzige Lire zum Fest, aber das ist noch das wenigste.
Wie soll ich mich da auf Weihnachten freuen, auf deinen Geburtstag? Bitte, lieber Herrgott, wenn du willst, daß ich morgen abend mit dir Geburtstag feiere, dann muß die Wunde morgen früh acht Uhr geschlossen sein. Sonst mußt du allein feiern. Bitte sei mir nicht böse, aber in höchster Not ... Ich weiß, daß du mich richtig verstehst und daß du mir das nicht verübeln wirst. Mit dir kann ich ja reden. So, und jetzt schlüpfe ich unter Decke und Mantel und danke dir schon im voraus, denn du wirst mir nicht nein sagen.‹
Am 24. Dezember morgens um halb acht Uhr erwachte ich. Ich fuhr hoch und augenblicklich

begann ich, Nachthemd und Verband in Windeseile zu entfernen.
›Geheilt, geheilt!‹ schrie ich und hüpfte nackt durch die eisige Mansarde. Die Wundhöhle war geschlossen; kein Blut mehr, kein Eiter, nur noch glatte Haut mit einer zarten Narbe! Vor dem Kreuz blieb ich stehen und rief voller Glück: ›Jesus, du bist Sieger! Du bist wunderbar! Du bist mein größter Freund!‹ Da sprang ich hinauf auf die Pritsche und küßte das Kreuz.
Und dann zog ich mich an. Erstmals seit vielen Monaten kein Eiter mehr am Leib, kein Blut. Die ganze Wäsche schneeweiß. Sicher war an diesem Tag niemand so glücklich wie ich!
Ich machte mich auf den Weg nach Eppan zum Arzt. Es war bitterkalt, doch ich spürte die Kälte nicht. Im Wartezimmer saß ich wieder in meiner Ecke und wartete und dankte im Stillen. Nach einigen Stunden war ich dran. Der Doktor kam raus, setzte seine Brille vor und schaute darüber hinweg, wie wenn er was gemerkt hätte.
›Was ist heute mit dir, Mario?‹ fragte er.
›Ich bin geheilt! Vollständig geheilt!‹
›Schön wär's, Mario!‹ nickte er bedauernd.
Ich aber begehrte auf:
›Doch, es ist wahr, Herr Doktor. Ich bin geheilt!‹
Da schob er mich einfach ins Sprechzimmer und kommandierte:

›Rein mit dir, du Sprücheklopfer!‹ Dort aber, als ich mich ausgezogen hatte, verschlug es ihm fast die Sprache. ›Was, was hast du getan? Die Wunde ist geschlossen – vollkommen unglaublich!‹

›Herr Doktor‹, versicherte ich, ›ich habe wirklich nichts an der Wunde gemacht. Ich besitze weder ein Stückchen Watte noch irgendeine Arznei. Aber etwas habe ich schon unternommen‹, gab ich kleinlaut zu und fügte an ›ich weiß nicht, habe ich da Unrecht getan – es kam so spontan – ich hoffe, daß Gott es mir verzeiht.‹ Der gute Doktor verstand nun gar nichts mehr und rief:

›Ja um Himmels willen, was hast du angestellt?‹

›Ich habe Gott erpreßt.‹

›Was? Du hast Gott erpreßt – das habe ich noch nie gehört.‹ Jetzt wollte er natürlich alles haarklein wissen. Als ich geendet hatte, schnappte er nach Luft, dann umarmte er mich.

›Mario‹, sagte er dabei, ›daß du eine tiefe Gottesbeziehung hast, das habe ich gewußt, aber daß du soweit kommst, das hätte ich nicht gedacht.‹

›Herr Doktor ich muß Ihnen noch etwas Trauriges sagen. Nachdem ich jetzt geheilt bin, muß ich gestehen, daß ich nicht mal einen Knopf in der Tasche habe, um Sie für Ihre viele Mühe und die verwendeten Mittel zu bezahlen. Bitte gedulden Sie sich. Sobald ich etwas Geld habe, komme ich.‹

›Nein, Nein!‹ rief er energisch aus, ›da gibt es nichts zu bezahlen. Ich wünsche dir frohe Weihnachten und laß dich mal wieder sehen! – Wenn du mir eine Freude machen willst, dann bete ein Vaterunser für mich, – ich bin ärmer als du!‹
Frau Zani hatte ich nichts erzählt von dem Weihnachtsbrief meiner Schwester Viola. Aber ich glaube, sie fühlte was. Vielleicht auch die Kinder. Diese kamen am Nachmittag herauf in meine Bühnenmansarde und baten:
›Mario soll unbedingt mit uns Weihnachten feiern! Daß er ja nicht fortgeht!‹ Es wurde eine einfache Weihnacht, aber mit Herzenswärme.
Dennoch machte mir die Sache mit der Erpressung Gottes im nachhinein ein schlechtes Gewissen. Und so ging ich zu Pater Giuseppe, dem Superior vom Dominikaner-Klösterli Eppan. In weißer Kutte saß er im Beichtstuhl.
›Was hast du verbrochen?‹ begann er.
›Ich weiß nicht, wie ich's sagen soll!‹
›Raus mit der Sprache!‹ wurde ich aufgefordert, ›so schlimm wird's nicht sein.‹
›Ja ... ich habe ... Gott erpreßt!‹
›Du hast Gott erpreßt?‹
›Ja, ich habe ihm gesagt, daß ich seit sieben Monaten eine offene Wunde habe und daß ich sehr darunter leide. Und da habe ich am Vortag des Heiligen Abends gebetet – und ich hoffe, daß es

als Gebet betrachtet werden kann – und habe ihm gesagt, er möchte so lieb sein und mir die Wunde bis zum nächsten Morgen schließen, sonst könnte ich nicht mit ihm Weihnachten feiern. – Hochwürden, ist das schlimm gewesen?‹

Da lächelte er und sprach:

›Pater Giuseppe, schäme dich vor diesem Mann, der mehr Glauben und Vertrauen gezeigt hat als du in deinem ganzen Klosterleben.‹

Ich aber wollte sicher gehen und fragte nochmals:

›Hochwürden, ist das schlimm gewesen?‹

›Was schlimm!‹ stauchte mich Pater Giuseppe zusammen, ›ich glaube, daß Gott über dein Vertrauen große Freude empfand.‹ Immer noch ließ es mir keine Ruhe:

›Welche Buße muß ich tun, Hochwürden?‹ Da sagte Pater Giuseppe:

›Bete für mich, daß ich besser werde, bete für mich ein Ave Maria.‹ Und dann entließ er mich mit den Worten: ›Das nennt man glauben! Geh hin, ich erteile dir den Segen!‹«

»Mario«, sprach ich und blickte voll Erstaunen auf meinen Freund, »da ist ein Wunder an dir geschehen.«

»Ja«, meinte er bescheiden, »etwas Einmaliges war es wohl schon.«

Eine Ahnung, heiß und brennend

Wir saßen auf den kühlen Steinen der Mauer, von der man einen herrlichen Blick nach Porto Maurizio hat. Eine leichte Brise erfrischte uns, und wir schauten auf die Fluten.

»Gehen wir weiter«, schlug Mario ein Viertelstündchen später vor, »spazieren wir durchs Condominium, den Wohnpark am Hafen.« Boote im Wasser, Bougainvilleen an den Häusern, Strandleben – und das alles ohne Fremde! Ein ganz anderes, ein viel liebenswerteres Italien! Bald sind wir im alten verwinkelten Häusergewirr mit seinen Gassen und Gäßchen. Hier leben Marios kleine Freunde. Hinter einem Zaun zwei Hunde, in einem Seitengang vor einem Häuschen ein Vogel im Käfig, in einer halboffenen Garage kleine Kätzchen. Überall machen wir Station, überall freudiges Begrüßen. Ich muß an »Bruder Hase, Schwester Lerche« denken, an Bezeichnungen, die der Heilige Franz von Assisi benützte, das Leitbild Marios. Im »Grotta«, einer winzigen Trattoria, nahmen wir – der Hunger regte sich – ein Reisgericht mit grünem Salat zu uns.

Als wir uns ein Stündchen später auf den Heimweg begaben, sagte Mario bedauernd:
»Morgen früh reist du schon wieder ab. Die Tage sind wie im Flug vergangen.«
»Ich empfand das genauso«, antwortete ich. »Ein Erlebnis aus deinem Leben jagte das andere, das ging ja ohne Pause. Es blieb immer gerade soviel Zeit, um eine neue Kassette einzulegen oder eine halbseitig besprochene zu drehen, mehr nicht.«
»O entschuldige, ich glaube, ich habe ein bißchen zuviel geredet. Aber da fällt mir gerade ein, daß ich auch einmal nach allzu kurzem Aufenthalt von der Riviera abgereist bin. Das war kurz vor Allerheiligen im Jahr 1966. Ich wohnte damals in Girlan droben und war von guten Bekannten eingeladen worden, zehn Tage bei ihnen in Porto Maurizio zu verbringen. Bahnfahren war für mich mit meiner Invaliden-Ermäßigung billig, und so sagte ich zu. Kaum war ich einige Tage dort, verspürte ich eines Morgens den äußerst starken Drang: Ich muß weg, ich muß sofort wieder Richtung Südtirol fahren. Es war, als flüstere eine Stimme eindringlich in mein Ohr ›fahr heim, fahr heim!‹ Meine Gastgeber, zwei ältere Schwestern, sorgten sich:
›Fehlt Ihnen etwas, gefällt es Ihnen nicht?‹
›Nein‹, erwiderte ich, ›es ist alles bestens. Ich weiß selbst nicht, was los ist. Nur eines weiß ich mit

Sicherheit: Ich muß sofort abreisen nach daheim.‹ Das war wie ein Feuer in mir, das man nicht löschen konnte. – Ich fuhr also.
Je weiter ich mit der Bahn nach Norden kam, desto heißer und brennender wurde es in mir. Doch ich hatte weder eine Erkältung noch Fieber. In Genua ging es noch, in Mailand war's schon schlimmer. Drei Stunden bis Trient. Dort wollte ich einen kurzen Zwischenstop bei meiner Schwester Viola einlegen. Sie nahm extra zwei Tage Urlaub – so lange sollte ich bleiben. Aber in Trient wurde das Feuergefühl in mir so stark – als stünde ich auf einer heißen Platte. Meiner im Hinblick auf solcherlei Empfindungen äußerst harschen Schwester sagte ich wohlweislich nichts davon. Am nächsten Tag jedoch war es nicht mehr auszuhalten. Zögernd begann ich:
›Ich weiß nicht, wie ich dir das, was in mir vorgeht, erklären soll – und du wirst es mir auch nicht glauben. Jedenfalls muß ich heute wieder abreisen. Wenn ich jetzt nicht gehe, kann ich es vierzehn Tage nicht mehr. Ich habe das Gefühl, eine große Gefahr ist nahe. Bitte sei nicht böse!‹
Viola, über alle Maßen erzürnt, rief:
›So ist das also. Verschwinde und laß dich nie wieder hier blicken!‹ Empört verließ sie die Wohnung und ging in die Klinik, wo sie als Krankenschwester arbeitete.

Ich selbst eilte, um den Alpenexpress noch zu erwischen, der um 4.10 Uhr fuhr. Je weiter mich dieser dann von Trient wegtrug, desto weniger plagte mich die Hitze und das Feuer in mir. Als ich in Bozen ankam, fühlte ich kaum noch was. Und in Girlan war überhaupt nichts mehr da von dieser Angst, dieser Hitze. Das war am 3. November. Zwei Tage später sprach mich in Girlan eine Frau an.
›Waren Sie nicht kürzlich in Trient?‹
›Ja schon‹, antwortete ich, ›warum fragen Sie?‹
›Ja wissen Sie nicht, was dort geschehen ist?‹
›Nein‹, sagte ich, ›ich weiß nichts.‹
›Trient steht unter Wasser! Hier lesen Sie.‹ Sie reichte mir eine Zeitung von gestern. Da stand: *Die Dämme des Flusses Adige, der Etsch, waren gebrochen. Die Stadt stand eineinhalb Meter hoch unter Wasser. Es hatte Tote gegeben und Verletzte. Alle Verkehrsverbindungen waren unterbrochen.*«

»Das war aber äußerst sonderbar, daß es dich direkt hingetrieben hat zu dieser Katastrophe.«
»Das ist etwas für die Wissenschaftler. Paß auf!« Mario schrie es – und ich sprang auf den Gehsteig zurück. Wir waren an der Straßenkurve vor seinem Haus angekommen gewesen, und ich wollte schon rüber, da schoß ein Bursche mit einem Geländemotorrad daher.

Schnupftuch und Rosenkranz

Es war Nacht und während wir die Wohnung lüfteten, schauten wir aus dem Fenster auf die Lichter von San Lorenzo. Zuvor hatte mir Mario ein Kirlian-Farbphoto seiner Hand gezeigt, auf dem alle seine Fingerspitzen von einer breiten, hellblau leuchtenden und ungetrübten Aura umgeben waren. Jetzt deutete er mit seinem einen Arm auf eine Stelle des Dächergewirrs und sagte:

»Dort unten habe ich auch schon mal gewohnt. Und dorthin kam eines Tages eine fremde Frau – später stellte sich heraus, daß es eine Beamtin im Ruhestand war, die irgendwo in San Lorenzo wohnte – zu meiner Hauswirtin und fragte, wer denn der Mann sei, der abends zu einer bestimmten Zeit in ihr Haus komme. Denn dieser habe, das sei ganz auffallend, ein bläuliches Licht um sich herum. Meine gute Hauswirtin schaute verdutzt, schaltete aber schnell und antwortete, daß dieser ›Geist‹ nur der Herr Borgogno sein könne, denn er komme meist um diese Zeit von der Kirche.

›Ob es nicht doch ein echtes Geistwesen sei‹, rät-

selte die Fremde, ›sooft habe sie ihn schon beobachtet, wie er durch das Tor schritt, und später ginge dann im ersten Stock das Licht an.‹
›Erster Stock?‹ jetzt war meine Hauswirtin absolut sicher, ›ja da kann es keinen Zweifel geben, das war bestimmt Herr Borgogno.‹
Später erfuhr ich, daß diese Fremde sehr sensibel war und manche Dinge wahrnahm, die gewöhnlich Sterblichen verborgen bleiben.«
»Verwandte Seelen – schade, daß du sie nicht kennengelernt hast.«

Unser letztes ›Küchengespräch‹ fiel heute kürzer aus als sonst, mußten wir doch morgen früh aus den Federn. Von der Zukunft sprachen wir. Mario meinte:
»Meine Wohnung kann mir jederzeit gekündigt werden. Dann will ich um eine Zelle bitten im Kloster der Kapuziner in Porto Maurizio. Dort kann ich Hilfsdienste leisten, wie Post besorgen, Mesnerarbeit und Ähnliches. Zellen sind heute ja genügend frei.«
Ich wandte ein:
»Ja, aber was machst du dann mit deinen vielen Aufzeichnungen, deinen Büchern, deinen Bildern und Andenken?« Aber Mario antwortete ganz ruhig und gelassen:

»In der Tasche braucht der Mario nur einen Rosenkranz und ein Schnupftuch. Und ein einziges Buch genügt – das mit dem Kreuz darauf... Weißt, Kurt, außerhalb des Klosters, vorher und danach, fühlte ich mich immer wie ein Fisch in einem Kanarienvogelkäfig...
Und so werde ich sterben: Man findet mich eines Tages tot im Bett. Nicht Selbstmord, nein! Ich habe nur vergessen – der Schalk in ihm kam zu Wort – die Augen wieder aufzumachen!«

Danilo de Tisi

Wenn man von Mario auf den Zug gebracht wird, kann man niemals zu spät kommen. Eine gute Viertelstunde – oder war es eine halbe? – steht man vor der Abfahrt am Gleis. Ein herzlicher Abschied, ein letzter Zuruf: »Im Herbst dann in Eislingen!«, und ich war mit meinen Gedanken allein. Wir hatten einige Tage miteinander verbracht. Ich schlief in der Küche, wir beteten zusammen in der Kirche. Im Frühlicht kreisten die Schwalben über den Dächern, auf dem Viadukt hoch droben vor den Bergen, zogen die Fahrzeuge ... Und jetzt schon wieder auf der Heimreise zu denen, die warten.
Dieser Frühzug Richtung Genua war prallvoll mit Schülern und Studenten, mit Angestellten und Geschäftsleuten. Mich störte das nicht. Ich zog Marios Photokopien hervor und begann den Wegen nachzuspüren, auf denen er nächtens in seinen Träumen wandelt. Ich geriet zunächst an den Fall »De Tisi«.

»Sehe mich als Mönch gekleidet in einer Herrschaftsvilla«, steht da. »Es ist ein sehr gepflegtes Haus. In einem Raum sitzen auf Ledersesseln ein

älterer Herr, eine etwas jüngere Frau und ein Herr, der etwa dreißig Jahre alt sein mag. Der ältere Herr, der einen Spitzbart trägt und einen dunklen Anzug, spricht und gerät dabei in heftige Gemütserregung. Plötzlich scheint er sein Bewußtsein zu verlieren, denn er rutscht vom Sessel auf den Teppich und bleibt liegen. Die Frau weint auf, der junge Mann eilt herzu, kniet nieder und sucht den Puls. Dann wendet er den Blick zu der Frau und neigt den Kopf auf die Brust. Das heißt für mich, der Herr ist soeben verschieden. Ich bin zugegen, aber niemand bemerkt mich, bin ja nur ›geistig‹ dort.
Da tritt ein junger, blonder Mann herein, der etwa fünfundzwanzig Jahre alt sein könnte. Dieser nimmt mich wahr, geht auf mich zu und begrüßt mich mit den Worten:
›Ich danke Ihnen, daß Sie unter uns weilen in dieser Stunde, ich danke für Ihr Kommen.‹
So plötzlich, wie er kam, verschwand er wieder. Weder die Frau noch der Mann hatten den Besucher bemerkt. Keine der Personen hatte ich je gesehen, auch die Villa ist mir gänzlich unbekannt. Ich erwache und bete für den Heimgegangenen. Nur langsam finde ich etwas Ruhe. Im Traum – das ist noch zu berichten – hörte ich den Familiennamen De Tisi und die Berufsbezeichnung Geometer.

Nach Ablauf beinahe eines ganzen Jahres, währenddessen ich nichts zu diesem Traum erfuhr, ereignete sich folgendes:
Ich hatte auf dem Markt etwas Gemüse gekauft, und es war mir in altes Zeitungspapier eingeschlagen worden. Und dieser alte Zeitungsfetzen brachte die Lösung des Rätsels. Zufällig fiel mein Blick auf eine Todesanzeige. *Danilo de Tisi* stand da, *Geometer, verstorben an Herzversagen am 29. 4. 1974 in Pietramurata/Trentino*. Also keine sechs Wochen nach meinem Traum war es geschehen.
Wiederum ein halbes Jahr später weilte ich bei meiner Schwester in Trient und fragte sie, ob sie wisse, wie man nach Pietramurata komme, denn ich wollte das Grab des alten Herrn aufsuchen, dessen Sterbeminute ich miterlebte. Viola wußte es nicht. So ging ich einfach los und drunten auf der Straße stellte ich dieselbe Frage dem Nächstbesten.
›Na so was‹, sagte der, ›gehen Sie nur gleich mit. Ich bin Omnibus-Schaffner, gehe gerade zum Dienst und meine Strecke berührt Pietramurata.‹
So gelangte ich schnell zum gesuchten Ort. Als ich in den Friedhof trat, bemerkte ich eine Frau, die an einem Grab stand. Sonst war niemand zu sehen. Langsam schritt ich durch die Gräberreihen und suchte nach dem Namen ›De Tisi‹. Ich

hielt mich aber fern von der in Andacht Versunkenen. Endlich verließ sie das Grab und ging dem Ausgang zu. Jetzt konnte ich auch an den Grabstätten dieser letzten Reihe entlanggehen. – Da! An eben diesem Grab, an dem die Frau verweilt hatte, die Aufschrift ›*De Tisi*‹. Betroffen verharrte ich und fiel ins Gebet. Hatte aber bemerkt, daß auf der großen Marmorplatte mit den Namen und Bildern der hier Begrabenen außer dem älteren Herrn De Tisi, den ich sofort wiedererkannte, auch der junge blonde Mann abgebildet war, der damals herzutrat und mir für mein Erscheinen dankte. Es war der Sohn Celso, der schon zehn Jahre vorher bei einem Autounfall sein Leben ließ.
Als ich meine Gebete verrichtet hatte, bemerkte ich, daß die Frau zurückgekehrt war. Sie trat auf mich zu und fragte verwundert, warum ich hier, am Grab ihres Mannes und ihres Sohnes so lange stehe und bete. Sie kenne mich gar nicht. Daraufhin erzählte ich ihr die Zusammenhänge, und da wunderte sie sich noch mehr. Zum Schluß meinte sie kopfschüttelnd:
›Ich komme sonst stets an Samstagen hierher. Heute, ganz ausnahmsweise, bin ich mittwochs gefahren!‹«

Mönch im Cockpit, Mönch über Korsika

Der Zug ratterte an schönen Stränden vorbei. Diano Marina, Alassio, Finale ligure ... Auf Marios nächstem Blatt dagegen las ich »Flugzeugabsturz in Palermo« 23. 12. 1978 – 108 Tote.

»Zu Beginn des Traumes erschien die Schwester Oberin aus dem Jesu-Heim. Ich erschrak furchtbar. Bevor sie irgendetwas sagte, fühlte ich bereits, daß etwas besonders Schlimmes kommen würde. Außerdem war ich als Franziskaner-Pater gekleidet, und auch dies verhieß nach aller Erfahrung nichts Gutes.
›Mario, heute übergebe ich dir eine Mutter mit ihren drei Kindern. Steh ihnen bei. Es handelt sich um einen Flugzeugabsturz.‹
Ich mußte weinen. Doch die Schwester Oberin sagte: ›Nicht weinen – beten, Mario!‹
Die Vision mit der Schwester verging, stattdessen sah ich mich in einem großen Verkehrsflugzeug, direkt hinter dem Sitz des Flugkapitäns. Neben ihm saß ein jüngerer Pilot. Da hörte ich ein in Italienisch geführtes Gespräch zwischen den beiden Piloten. Der eine rief:

›Da kann nicht die richtige Landebahn sein!‹
Die zweite Stimme beschwichtigte:
›Doch, doch! Es stimmt alles!‹
Nun wechselte das Bild, und ich befand mich in einer Sitzreihe. Rechts auf dem Nebenplatz saß ein Mädchen. Es mochte etwa fünf Jahre alt sein, mit schwarzem Haar. Es legte seinen Kopf auf meine Kutte und hielt meine Hand. Links von mir befand sich ihr Bruder, ich glaube er war ein bis zwei Jahre älter. Dieser hielt meine linke Hand fest (immer, wenn ich mich im Traum als Franziskaner sehe, besitze ich beide Arme und auch volle Seh- und Hörkraft). Plötzlich vernahm ich einen furchtbaren Krach, etwa der Art, wie wenn ein besonders hoher und alter Baum im Wald umfällt. Danach sah ich mich bis zu den Hüften im Wasser: Das Flugzeug war auseinandergebrochen. Es wehte eine fast warme Luft, der Himmel war voller Sterne, aber ich hörte Stöhnen und Hilferufe und sah auf dem Wasser Körper treiben und Gepäckstücke. Da sagte ich vor mich hin: ›Sizilien‹, warum, weiß ich nicht.
Das kleine Mädchen an meiner Seite hielt sich ganz fest an meiner Hüftschnur, dem Zingulum, der Bub klammerte sich an meine linke Hand. Vor mir stand in kurzer Entfernung eine Frau und trug auf dem Arm einen blonden, kleinen Buben von etwa sechs bis acht Monaten. Ich

fühlte, das ist die Mutter der drei. Sie trug schwarze Kleidung und war von mittlerer Größe. Die Frau blickte zu mir her, war ruhig und gelassen. Dann verschwand langsam das gesamte Bild. Ich erwachte, und die Tränen rannen mir über die Wangen.
Das war am 22. Dezember 0.25 Uhr. Mein ganzer Körper war wie von Trauer durchströmt. Ich betete den Rosenkranz Stunde um Stunde, bis ich gegen Morgen einschlief.
Als ich am Morgen zu meiner Schwester ging – damals wohnte ich bei ihr in Trentino – und ihr weinend diesen Traum erzählte, schenkte sie mir keinen Glauben, sondern telefonierte nach dem Arzt. Der kannte mich und ordnete an, sie solle mich in Ruhe lassen, meine Erschütterung würde abklingen.
Und dann, vierundzwanzig Stunden nach meinem Traum, geschah das alles wirklich. Ein Linienflugzeug, das in Turin startete, mit Zwischenlandung in Rom, steuerte den Flughafen von Palermo an. Ein Fehler der Piloten in Bezug auf die richtige Landebahn führte zum Absturz. Das Flugzeug zerbrach, die Passagiere ertranken zum Teil im Meer. 108 Menschenopfer waren zu beklagen. Aus einem Bericht über den Hergang fand ich auch die Namen der Frau mit ihren drei Kindern.

Einmal, am 19. 7. 1980, saß Mario in einem seiner Träume in einem Linienflugzeug Mailand/Madrid. Es waren nur wenige Fluggäste mit ihm unterwegs, und Mario fühlte sich ausgezeichnet. Da bemerkte er, daß der Pilot unruhig wurde – er befand sich nun im Cockpit – und daß eine kleine, rote Lampe ständig Signale gab. Der Pilot bat per Funk umkehren zu dürfen. Kurze Zeit später landete er in Mailand.
In der Sonntagsausgabe des »Corriere Della Sera« vom 20. 7. 1980 las Mario dann, daß ein Linienflugzeug Mailand/Madrid gestern nach kurzem Flug wegen Brandgefahr umkehren mußte.

Oftmals ereignen sich solche Geschehnisse in Marios Träumen Wochen oder Monate vor dem Datum, das sie der Allgemeinheit publik macht. Dafür noch ein letztes Beispiel aus der »Sammlung Flugzeugträume.
Mario hat diesen Vorfall am 26. Mai 1972 in Diano Marina im Traum erlebt, und ereignet hat er sich am 2. Oktober desselben Jahres auf Korsika. Er schreibt:
Sehe mich als Mönch, vor mir das blaue Meer. Plötzlich nehme ich das Summen eines Kleinflugzeuges wahr. Ich schaue hin und erschrecke. Denn dieser Zweisitzer zieht Rauch wie eine weiße Fahne hinter sich her, ich nehme einen

starken Geruch wahr nach verbranntem Gummi, dann nichts mehr ...

Nun kreise ich wie eine Schwalbe über einem Berg. Drunten fährt die Eisenbahn. Die Waggons tragen die Buchstaben C. F. F. wie in Frankreich, doch die Leute sprechen Italienisch. Eine Frauenstimme ruft entsetzt: ›Er ist am Berghang zerschellt!‹ Der Zug hält, und alle Passagiere steigen aus und blicken die Bergwand hinauf. – Ich stelle fest, daß ringsum Meer ist, befinde mich also auf einer Insel. Es könnte Korsika sein. Das gehört zu Frankreich, aber man spricht dort Italienisch.

Ich erwache und bin sehr traurig. Wieder sind Opfer zu beklagen. Nur mein Gebet kann ich diesen Armen schenken.

Die Zeitung »Adige« in Trentino meldete zu diesem Vorfall am 12. 11. 1972: Heute sind die zwei Leichen des Flugzeugunglücks vom 2. Oktober 1972 in Bastia/Korsika angekommen. – Und die Zeitung »Nice-matin« vom 4. November meldet über »L'accident du ›Piper‹ italienne«: Les corps des deux victimes ramenès á Bastia/Corse vers France. (Unfall der italienischen Piper: Die Körper der zwei Opfer wurden von Bastia/Korsika nach Frankreich zurückgebracht.)

Züge entgleisen

Genua, die erste Etappe meiner Heimreise. Auf dem Bahnsteig – es gab einigen Aufenthalt – absolvierte ich ein kleines Bewegungstraining und aß zwei Pfirsiche aus meinem Reiseproviant.
Dann aber erlag ich schnell wieder der Faszination von Marios Träumen. Es lag eine Serie von Träumen vor mir, in denen Mario bei Eisenbahnunglücken zugegen war, als sie sich noch gar nicht ereignet hatten.

Am 4. 10. 1977 träumte er an der Riviera, wie bei Freiburg/Breisgau am 18. 10. 1977 der Italien-Express durch ein Attentat entgleisen würde. Die Kurzfassung seines Traumes lautet:

»Es muß tiefe Nacht sein. Ich sehe mit Schrecken, wie ein Zug entgleist. Es sind deutsche Waggons, ich erkenne das DBB. Helfer sind zur Stelle. Habe das Gefühl, daß es der Zug ist, der von Deutschland durch die Schweiz herunterfährt Richtung Mailand. Hatte noch was gehört in französischer Sprache: ›Messieurs, c'est une attentat! . . .‹«

Nur einen Tag vorher war Mario des Nachts dabei, als der Touristenzug Nizza-Amsterdam in Compiegne entgleiste. Wiederum – aus Platzgründen – nur abgekürzt die Wiedergabe seiner Aufzeichnung: Sehe mich neben einem Bahndamm. Es ist Nacht. Vor mir, oben, ist ein Parkplatz mit vielen Fahrzeugen. Es herrscht Ruhe – nur wenig Beleuchtung dort oben. An der Bahnstrecke leuchtet Grün auf, freie Fahrt! Da sehe ich mit Schrecken, wie Sand und Steine den Hang herunterrollen, gefolgt von einem Lastwagen vom Parkplatz oben. Mit großer Geschwindigkeit rast nun ein Zug daher und donnert in den Lastkraftwagen hinein. Höre sprechen, aber Deutsch ist es nicht, Italienisch nicht, auch nicht Englisch. Es ähnelt der französischen Sprache. – Wo wanderte ich in dieser Nacht? – Die Antwort stand im »Nice-Matin« des 31. 8. 1976: *Die Lokomotive des Zuges Nizza/Amsterdam stieß in voller Fahrt auf einen auf die Schienen herabgefallenen LKW.*

Bei diesen zwei Beispielen wollen wir es bewenden lassen und uns Erfreulicherem zuwenden.

Dieses Kind wird Annamaria heißen!

Selbst nur mit Mühe zur Welt gekommen, bedeutete Mario die glückliche Geburt eines Kindes viel, und oft sah er und hörte er, was weder Augen noch Ohren zugänglich war. Zwei Träume sollen das belegen.

»Meine jüngere Schwester Pia ging als werdende Mutter zum Arzt. Sie hatten bereits zwei Jungen, und der Doktor meinte:
›Jetzt kommt der dritte!‹
Meine Schwester widersprach:
›Nein, Nein! Jetzt wollen wir ein Mädchen!‹
›Man nimmt, was kommt!‹ wurde sie abgefertigt.
In der darauffolgenden Nacht träumte ich von Pias Kind. Es war ein Mädchen. Ich habe es in einer Klinik von einer Pflegerin auf den Arm bekommen, habe es gen Himmel gehoben, geküßt und für es gebetet. Da war das Kind plötzlich vor einem Oval mit goldenem Licht und eine Männerstimme sprach:
›Questa bambina si chiamera Annamaria!‹ ›Dieses Kind wird Annamaria heißen!‹

Am folgenden Tag kam Pia auf einen Sprung zu Viola und klagte darüber, daß der Arzt ihr einen dritten Buben vorausgesagt hatte. Viola aber kannte bereits meinen nächtlichen Traum und beruhigte Pia mit den Worten:

›Ach, gib nichts drauf. Mario hat schon geträumt, wie's weitergeht. Beim Kaffee heute morgen hat er erzählt, daß du ein Mädchen gebären wirst. Er behauptet, er habe es schon gesehen und auf dem Arm getragen. Das Baby wird blaue Äuglein und blonde Härchen haben. Den Namen, den dein Kind erhält, weiß er auch. Aber er hat ihn nicht genannt, sondern ihn auf einen Zettel geschrieben und ihn in ein Kuvert getan. Das Kuvert hat er mir übergeben; aber wir dürfen es erst nach der Taufe öffnen.‹

Am 13. Juli, also genau zwei Monate später, erblickte Pias Mädchen in Trient das Licht der Welt. Es war das einzige Mal, daß ich so lange im voraus ein Neugeborenes sah und auf dem Arm hielt.

Mein Schwager überlegte, wie man das Kind heißen sollte.

›Würde es dir gefallen‹, fragte er Pia, ›wenn wir es Annamaria nennen?‹

›Wie kommst du auf diesen Namen? Wir haben doch keine Verwandten, die Anna heißen oder Maria!‹

›Nun‹, meinte er, ›da hast du recht, aber der Name gefällt mir halt.‹
›Also gut‹, stimmte meine Schwester zu, ›dann heißt sie eben Annamaria.‹
Nach der Taufe gab es ein Zusammensein in einem kleinen Gasthaus bei Kaffee und Kuchen. Dort haben sie das Kuvert geöffnet. Unter Annamaria hatte ich das Datum gesetzt: 13. 5. 1957.

Als zweites Beispiel aus den Geburtsträumen nun noch eines mit recht eigenartigem Beginn.
Es war der 15. 3. 1971 – ich lebte damals in Diano Marina an der Riviera –, als ich abends von der Kirche heimging. Da begegnete mir ein älteres Ehepaar, das langsam und, wie mir schien, traurig und benommen daherkam. Als sie nahe heran waren, fühlte ich den unausweichlichen Drang, diese zwei Menschen anzusprechen und sie nach ihrem Befinden zu fragen. Bis dahin hatte ich zeitlebens nie den Mut aufgebracht, mitten auf der Straße fremde Menschen anzuhalten. Sie waren stehengeblieben, und die Frau fing an zu weinen. Unter Tränen schluchzte sie:
›Uns kann niemand helfen. Wir waren gerade in der Kirche und haben gebetet.‹ Nach einer Pause fügte sie hinzu: ›Unsere Tochter liegt in Mailand in einer Klinik, wir haben sie heute besucht. Sie erwartet ein Kind, aber die Ärzte haben uns ge-

sagt, daß es Probleme geben wird und wir das Schlimmste befürchten müssen. Unsere Tochter ist ganz allein in Mailand, denn ihr Mann ist Kapitän und mit seinem Schiff unterwegs in amerikanischen Gewässern.‹

Das alles tat mir furchtbar weh, und ich hielt – für einen Augenblick nur – ein Gespräch mit dem Herrgott und bat für die zwei.

›Leg deine Worte auf meine Zunge‹, so schloß ich. Dann sprach ich wie im Traum: ›Bitte seien Sie nicht mehr traurig, in drei Tagen werden Sie Großeltern von zwei Knaben sein. Ihre Tochter in Mailand wird gesunde Zwillinge zur Welt bringen.‹ Ich erwachte, doch ich hatte ja gar nicht geschlafen – stand an einer Straßenecke, sah Leute, Autos, Motorräder. Die Frau weinte nicht mehr, aber sie blickte mich eigenartig an.

Drei Tage danach träumte ich. Es war die Nacht vom 18. auf den 19. März. Ich sah mich in einem Krankenhaus, war durch die Wände hindurchgeflogen. Begegnete einem Arzt, betrat dann eine Art Warteraum. Dort trat eine Krankenpflegerin ein, und auf ihren Armen hielt sie zwei Knaben, Neugeborene. Ich selbst trug ein Mönchskleid, aber in goldener Farbe und war so fröhlich und glücklich. Die Pflegerin gab mir nun einen der beiden, einen kräftigen, blonden Buben auf den Arm. Ich segnete ihn mit dem Kreuzzeichen und

betete. Als ich das Kind gen Himmel hob, hörte ich aus dem Hintergrund eine Stimme:
›Dieses Kind wird Maximilian heißen!‹
Dann übergab ich den Buben wieder und nahm den zweiten. Er war etwas zarter gebaut, aber ebenfalls ganz gesund. Ich tat wiederum wie vorher, und die Stimme verkündete:
›Dieses Kind wird Fabius heißen!‹
Alles spielte sich vor herrlichen Pastellfarben ab, rein und leuchtend in blau und gelb und gold. Und eine Musik erklang dazu, an der sich jedes Geschöpf erfreuen konnte.
Dann erwachte ich froh und glücklich. Es war acht Minuten nach Mitternacht, am 19. 3. 1971. Tatsächlich kamen die zwei Buben an diesem Tag auf die Welt, und zwar in der Klinik ›La Madonnina‹ in Mailand. Und sie wurden auf die Namen getauft, welche mir verkündet worden waren.

Nach Jahren bin ich diesem Bruderpaar am Strand begegnet – die zwei Jungen wurden von ihrem Opa geführt. Als sie mich sahen, rissen sie sich von ihrem Großvater los, rannten zu mir her und umarmten mich ...

In einem schwarzen Wagen

Geburt in Mailand, Ankunft in Mailand. Eine Stunde Aufenthalt, genützt zum Einkauf einiger Lekkereien für die liebe Frau zuhause. Und dann einsteigen, diesmal direkt in den Speisewagen. Ist ja Mittagszeit. Beim Kaffee dachte ich daran, wie der inzwischen verstorbene Professor Dr. Tenhaeff aus Utrecht in Holland, der Inhaber des ersten Lehrstuhles für Parapsychologie in Europa, zu Mario gesagt hatte: »Sie sind eine lebende Antenne!« – Ob Mario damit die Allwissenheit anzapft? Jedenfalls, was Verkehrsunfälle anbetrifft, funktioniert sein Empfänger – leider, muß man sagen – nur allzu oft. Wir werden uns mit einer kleinen Auswahl begnügen.

»Ich befinde mich Ende Juli 1974 im Krankenhaus von Imperia an der Riviera zu einer Untersuchung«, schreibt er. »In der Nacht des 31. Juli träumte ich dort einen bösen Traum. Ich sehe mich an einer Straßenkreuzung. Eine Straße führt nach Meran, eine Abzweigung nach Überetsch. In der Nähe ist eine größere Tankstelle. Nun beobachte ich mit Schrecken, wie ein roter

Sportwagen von Meran hergeflitzt kommt und von der anderen Seite ein Lastwagen, beladen mit Steinplatten. Bevor es zu einem Zusammenstoß kommt, wechselt das Bild, und ich sehe vier Brüder, die ich von Girlan her kenne.
Jetzt fahren die vier nach unten, wie in einem Aufzug, und sie kommen wieder herauf, nur – der Kurt fehlt, der neunzehnjährige. Dann verschwindet das Bild. Ich fühle, daß etwas ganz Furchtbares eingetroffen ist. Ich erwache und schreibe den Traum sofort auf ein Blatt. Da kommt der Pfleger von der Nachtwache herein, bemerkt mein Tun und spottet:
›Ja was ist denn da los? Haben Sie tagsüber keine Zeit Liebesbriefe zu schreiben?‹ Er lacht über seinen Scherz und schließt die Tür wieder, um seine Runde fortzusetzen.
Ich aber fühle, daß es schlimm steht um den Kurt Albenberger aus Girlan und bete. Seit seiner Kindheit kenne ich ihn, und mit seinen Eltern bin ich befreundet.

Am darauffolgenden Morgen bei der ›Visite‹ meldete der Pfleger:
›Herr Borgogno schreibt um Mitternacht Liebesbriefe!‹
Da fragte mich der Oberarzt, was ich so Wichtiges zu schreiben hatte, und ich erzählte ihm mei-

nen Traum. Er aber meinte, so was glaube er nicht. Darauf sagte ich: ›In drei bis vier Tagen können Sie es in der Zeitung lesen.‹
Nach drei Tagen war wieder Morgenvisite. Der Oberarzt trug eine noch mit dem Streifbandverschluß versehene Zeitung mit sich.
›Herr Oberarzt‹, sagte ich, ›öffnen Sie Ihre Zeitung. Schlagen Sie Seite 7 auf. Lesen Sie links unten. Dort steht's, wie ich's geträumt.‹
Verblüfft riß er den Verschluß auf – sprachlos las er den Unfallbericht.

1982 lebte ich in Kaltern und träumte dort in der Nacht zum 24. 11. folgendes. Ich gehe im Ort Kaltern die See-Straße entlang. Da bemerke ich erschrocken, daß ein junger Mensch, er mochte noch keine zwanzig sein, schwerverletzt an der Straßenmauer liegt. Ich laufe in einen nicht weit entfernten Hof hinein, um Hilfe zu holen. – Nun erwache ich und habe das ganz starke Gefühl in meinem Inneren, daß da was Schlimmes passiert ist. Weinend bete ich.
Am gleichen Tag schon, um die Mittagszeit, vernehme ich die Nachricht, daß in der See-Straße ein noch jugendlicher Motorradfahrer von einem Lastwagen überfahren und schwerverletzt nach Innsbruck in die Klinik eingeliefert wurde.
Es verging etwa eine Woche, da trat eine Kusine

des Verunglückten an mich heran und fragte, ob ich denke, daß der junge Mann trotz seiner Fußamputation bald wieder heimkomme. Sie selbst sei sich dessen ganz sicher. Leider war mein Wissen darüber anderer Art und sehr bitter. Weinend gab ich die Auskunft:
›Ja, der Rudi‹ – so hieß er – ›kommt bald heim. Aber in einem schwarzen Wagen, der vorne ein Kreuz trägt.‹ Das hatte ich die Nacht zuvor im Traum gesehen.
Und so geschah es. Nach anfänglichem gutem Heilverlauf erlag Rudi genau an dem Morgen, an dem ich seiner Kusine diesen Bescheid gab, einer Embolie. Im Leichenwagen kam er heim nach Kaltern.
Dieser Fall hat mich sehr getroffen, und es gibt keinen Abend, an dem ich nicht an Rudi denke.

Ein weiterer Unfall wurde in Zeitungsausschnitten so dargestellt *Ein Münchner stirbt in Südtirol* oder *Tödlicher Autounfall wegen Überholmanöver*. Der Traum Marios dazu, in der Nacht davor, am 17. 3. 1972 – er lebte damals in Diano Marina an der Riviera – verlief nach seiner Aufzeichnung so.
»Sehe mich als Mönch auf der Brenner-Nationalstraße in der Nähe von Waidbruck. Dort befindet sich eine Betonbrücke, über die es ins Gröd-

nertal geht. Im Wasser des Flusses bemerke ich ein Auto, das bereits halb versunken ist. Ein Renault? Ein Opel? Die Farbe ist weiß. Es muß einen Unfall gegeben haben, ein Lastwagen war vielleicht auch beteiligt.
Nun sehe ich, wie ein Mann langsam in den Fluten versinkt ... Und einen Augenblick ist es, wie wenn ich ein Paßbild von ihm vor Augen hätte: Ein kräftiger Mann mit Brille! Dann verschwindet das Bild. – Mit einem Mal steht dieser Mann vor mir und spricht ganz ruhig zu mir in hochdeutscher Sprache:
›Ich bin gekommen, um Ihnen zu danken.‹ Ich blicke ihn verwundert an; er bemerkt es und fährt fort: ›Ja, ja! Sie waren es, der mir die Hand bot ins Hinüber. Ach, es ging ja alles so rasch. Wer hätte das gedacht. Ich glaube, Sie ahnen gar nicht, wieviel Gutes Sie durch Ihr Dabeisein tun können. Nochmals vielen Dank!‹
Ich erwache und neben meinem Kummer um den Mann bewegt mich, daß zum erstenmal in meinen Träumen ein soeben Verschiedener mit mir geredet hat. Von schon länger ›drüben‹ Weilenden bin ich das gewöhnt.
Übrigens, es war ein weißer Opel gewesen.«

Beten für sterbende Priester

Die Po-Ebene lag hinter uns, wir fuhren in die Alpen. Ich war vom Speisewagen in ein Abteil gewechselt. Hätte ich nicht vorher Kaffee getrunken, wäre ich jetzt wohl zu müde zum Lesen und Überlegen. So aber kreisten meine Gedanken um Marios Aufzeichnungen ... Ich dachte daran, wie manches in den Träumen Unschärfen aufweist, wie beispielsweise das Nichterkennen der Automarke (Mario ist da, obwohl er selbst weder Führerschein noch Auto besitzt, sehr gut orientiert!) und wie so manches, für den Laien vielleicht unverständlich, symbolisch ausgedrückt ist, wie das Versinken von Wagen und Fahrer in den Fluten. Dies meinte Totalschaden für den Wagen und Tod des Besitzers, denn abgespielt hat sich der Unfall laut Polizeibericht so, daß der Münchner gegen einen Laster prallte und kurz danach im Krankenhaus Bozen an den Folgen starb. Auch im folgenden Traum wird diese Symbolisierung deutlich.

»Ich sehe mich als Franziskaner-Laienbruder in einer Klosterkirche, es könnte in Rovereto sein. Bemerke auch einen gewissen ›Bruder Franz‹, der mitten in der Kirche steht. Plötzlich stürzen die Mauern der Kirche ein, der Dachstuhl saust herab, überall nur noch Schutt und Trümmer. ›Bruder Franz‹ sehe ich nicht mehr, liegt er unter den Trümmern? Ich weine und bin sehr bewegt. Dann erwache ich.

Habe den Eindruck, daß nicht damit gemeint war, daß die Klosterkirche von Rovereto einstürzt, sondern daß etwa die Kirchenwelt des ›Bruder Franz‹ zum Einsturz gekommen ist. War diesem Bruder seit vielen Jahren nicht mehr begegnet. Was ist los mit ihm?

Ich träumte dies 1981 in Caorle bei Venedig. Aber erst Jahre später kam ich wieder mal nach Rovereto und konnte mich dort nach ›Bruder Franz‹ erkundigen. Mir wurde gesagt, daß er wegen unwürdigen Verhaltens vom Klosterleben ausgeschlossen worden war. Sein Klosterleben war zusammengebrochen.«

Wenn ein Mensch eine so tiefe Verbindung mit der Kirche eingegangen ist wie Mario, dann ist es selbstverständlich, daß auch ein Teil seiner Träume direkt mit ihr zu tun hat. 1991 fertigte er zum Beispiel nachstehendes Manuskript.

»Vor ungefähr zwei Jahren hatte ich einen ganz besonderen Traum. Es erschien mir ein Geistlicher. Er sagte mir auch seinen Namen: Pater Clemens Maria Hofbauer. Ich hatte diesen

Namen nie gehört. ›Mario‹, sagte er zu mir, ›das ist nett von dir, daß du so viel für die Priester betest. Bitte mach so weiter! Weißt, für die Priester wird kaum gebetet, obwohl sie es oft schwerer haben, als die Menschen ahnen. Ich danke dir für dein Gebet.‹

Soweit der Traum.

Ich dachte, da er mir seinen Namen genannt hat, daß es ein Verstorbener ist und erkundigte mich bei einem Kapuziner-Pater:

›Hochwürden, kennen Sie einen Geistlichen, der Clemens Maria Hofbauer heißt?‹

Der Angesprochene sah mich an und antwortete:

›Ja weißt denn du das nicht, daß das ein Heiliger ist?‹

›Ein Heiliger?‹ staunte ich.

›Wie kommst du auf diesen Namen?‹

›Ich bin im Traum diesem Pater begegnet und nehme an, daß er ein verstorbener Priester ist.‹

›Ja selbstverständlich. Er lebte von 1751 bis 1820 und man nennt ihn auch den Apostel Wiens. – Was hat er denn gesagt?‹

›Er hat mich aufgefordert, weiterzubeten für die Priester.‹

In einer Bibliothek habe ich dann nachgeschlagen, und da gab es sogar ein Bild von ihm, leibhaftig, wie ich ihn im Traum gesehen hatte. Voriges Jahr habe ich in Wien in einer Kirche eine Gedenktafel für ihn entdeckt und dabei gesagt: ›So, so, haben wir uns mal wieder getroffen!‹

Am 18. 10. 1976 um 1.00 Uhr früh träumte Mario in Diano Marina:
»Sehe mich inmitten von Priestern, Mönchen und auch Laien. Da erblicke ich einen älteren Herrn und erkenne in ihm den Erzbischof von Bologna, der jetzt im Ruhestand lebt, Monsignor Emminenz Lercaro Giacomo. Mit langsamen Schritten kommt er mir entgegen und spricht:
›Mario ... bitte gedenke auch meiner. Ich weiß, du betest immer für die sterbenden Priester, bitte bete auch für mich!‹
Ich stehe als einfacher Mönch vor diesem hohen Würdenträger und habe fast nicht den Mut zu sprechen, doch dann sage ich:
›Ja gerne, Emminenz.‹ Bei der Nennung seines Titels winkt der Kardinal ab und sagt:
›Nein, nein, nicht so!‹ Er meinte, es genüge eine einfachere Benennung. Da frage ich: ›Allora posso dire Monsignore?‹ (›Darf ich Sie nur mit Monsignor anreden?‹) Er lächelt: ›Gut, gut!‹ Da erwache ich und freue mich darüber, diesen frommen und guten Bischof gesehen zu haben.

Doch ich befürchte, Kardinal Lercaro wird bald der Ewigen Heimat entgegenfahren ... dies Gefühl verstärkt sich und ich fange an zu beten ... Am Abend desselben Tages höre ich in der Nachrichtensendung des Fernsehens, daß in den ersten Stunden des Nachmittags der frühere Erzbischof von Bologna, Kardinal Giacomo Lercaro, verstorben sei.«

Schon einmal war die Rede davon, daß Mario Briefinhalte erfühlt, bevor er die Kuverts geöffnet hat. Aber er weiß oft auch aus anderer Quelle, nämlich dem Traum, was drinsteht. Ein Beispiel. Mario schreibt:

»Ich sehe mich in der Studierstube eines Pfarrers. Stehe hinter dem Geistlichen, der an seinem Schreibtisch sitzt und einen Brief schreibt. Ich sehe ihm über die Schulter und lese:

Lieber Mario, diesen Brief hast du meiner Haushälterin zu verdanken. Sie hat mir einen viel zu starken Kaffee bereitet. Die Folge: Ich konnte nicht schlafen. Na ja, dachte ich, alles hat sein Gutes. Jetzt komme ich endlich einmal dazu, Marios Briefe zu beantworten ...

Außer diesem Anfang lese ich Zeile für Zeile. Zum Schluß sehe ich, wie der Pfarrer ein rotes Kuvert beschriftet, den gefalteten Briefbogen hineinsteckt und den Brief zuklebt.

In der Morgenfrühe bin ich gleich aufgestanden

und habe den im Traum gelesenen Briefinhalt beantwortet.
Nicht viel später kam ich dann selbst wieder einmal nach Südtirol und besuchte gerade diese Pfarrei. Der Pfarrer begrüßte mich mit den Worten:
›Also, das verstehe ich überhaupt nicht; wenn ich einen Brief nach Brixen sende, das gleich nebenan liegt, dann braucht er eine halbe Ewigkeit. Aber wenn ich dir, der du 700 km weg wohnst, schreibe, habe ich schon zwei Tage danach deine Antwort auf dem Tisch!‹
›Ja‹, sagte ich, ›ich habe eben einen besonderen Draht.‹
Wie das zusammenhängt? Ich weiß es auch nicht, aber ich denke mir, es könnte so sein: Wenn man einen Brief schreibt, denkt man an den Empfänger. Dieses ›an einen denken‹ kann man spüren. Oft wird nachts geschrieben, weil am Tage keine Zeit dazu ist. Und da bin ich empfangsbereit: Ich liege im Bett, und meine Antenne ist ausgefahren. –«
Und bevor er einschläft, der Mario, betet er und – was sein nächtliches Wandern und Helfen betrifft – bittet er zum Schluß: »Herr, benütze mich!«

Am 4. 8. 1978 übernachtete Mario in Ehrenburg in Südtirol und brachte sofort nach dem Erwachen folgenden Traum zu Papier:
»Sehe vor mir einen geistlichen Herrn. Das muß der Papst sein! Er trägt das weiße Kleid. Um ihn herum stehen einige höhere Geistliche, es müssen Prälaten sein, Bischöfe und Kardinäle. Doch etwas stimmt nicht, habe ich den Eindruck. Sehe auch eine Klosterfrau, weißgekleidet – wie wenn es eine Krankenschwester wäre. Nun fühle ich Angst. Eine echte Sorge um den Gesundheitszustand des Papstes erfaßt mich. Mein Herz klopft ganz stark. Stehe dabei, barfuß, als Franziskaner, und habe den Rosenkranz in der Hand. Ich erwache und spüre, daß der heilige Vater bald heimwärts gen Himmel fahren wird. Dieses Gefühl werde ich nicht mehr los . . .

Am selben Vormittag kam Pfarrer Prammstaller von der Pfarrei Ehrenburg und brachte uns allen die heilige Kommunion.
Da erzählte ich ihm von meinem Traum, doch er wollte es nicht glauben. Aber zwei Tage danach starb Papst Paul VI. in den Abendstunden des 6. 8. 1978 in Castel Gandolfo, seiner Sommerresidenz.«

Noch weit unwahrscheinlicher schien es, als Mario nur sechs Wochen später schon wieder träumte, daß der Papst stirbt. Der neuernannte Johannes Paul I. saß erst einen Monat auf dem Stuhl Petri, und Mario weilte noch immer in Ehrenburg. Er schrieb:
»Sehe mich in einem großen Raum, der von Jugendlichen bis auf den letzten Platz besetzt ist. Es herrscht eine festliche Stimmung und vorne, auf einem Thron, erblickte ich Papst Albino Luciani. Er spricht gerade mit einem Knaben, der gerne bei seiner bisherigen Lehrerin bleiben und nicht in die nächsthöhere Klasse aufsteigen möchte. Der Papst redet dem Kleinen gut zu, und dieser geht fröhlich zu seinem Sitz zurück. Der Papst lächelt so lieb, und es herrscht eine heitere Stimmung. Ich erlebe große Freude in meinem Herzen. Nun aber wendet sich das Blatt. Sehe mich nicht mehr im Saal, sondern befinde mich jetzt in einem ganz einfachen, nicht besonders großen Zimmer. Und ich erschrecke, denn der Papst, der in diesem Zimmer langsam auf und ab geht, trägt nicht mehr wie vorher sein weißes Gewand, sondern ein rotes. Ich selbst befinde mich hoch oben, wie wenn ich alles von der Decke aus sehen würde. Ich fühle schreckliche Angst. Nicht um mich, nein, um den Gesundheitszustand des Papstes.

Sehe nun, wie der Papst bei seinem Auf- und Abgehen sich langsam zu Boden sinken läßt. Er liegt nun ganz ruhig, und fast wie ein Lächeln ist in seinen Zügen. Ich komme herab und stehe einen Augenblick neben ihm. Dann erwache ich in Tränen und sage: ›Der Papst Luciani ist gestorben. Ja, er ist an Herzversagen gestorben.‹

Drei Tage nach diesem Traum, in den Nachmittagsstunden des 24. 9. 1978 kam Monsignore Georg von Hepperger aus Bozen zu uns zu Besuch. Da er mich gut kannte, fragte er, ob ich wieder mal was Besonderes geträumt hätte.
›Ja‹, sagte ich, ›was bedeutet es, wenn man den Papst rotbekleidet sieht?‹
Der Monsignore, der gerade die Teetasse in der Hand hielt, blickte mich erstaunt an und antwortete:
›Mario, erzähle alles! Man kleidet den Papst in ein rotes Gewand, wenn er stirbt.‹
Leider wurde mein Traum wahr. Johannes Paul I. starb nach einer Amtszeit von nur dreiunddreißig Tagen – und sechs Tage nachdem ich bei ihm war.«

Jenseits der Grenze

Como, Lugano und Bellinzona, alles zog schon vorbei – höher und höher winden sich die Geleise zum Gotthard hinauf. Immer wieder ist diese Gebirgslandschaft aufs neue faszinierend, so daß ich öfters aufsehe von meinen Blättern und einen Blick aus dem Fenster werfe.

Schnell aber zieht mich Marios Welt wieder in ihren Bann. Daß seine Träume Wahrträume sind, das erweist sich leicht und schnell und zuverlässig, wenn das geträumte Ereignis auf nationales oder gar internationales Interesse stößt. Dann tickt es ja, wie etwa beim Tod dieser beiden Päpste, augenblicklich über alle Fernschreiber, und jedermann erfährt davon, auch Mario. Ganz anders verhält es sich, wenn das Geträumte nur örtliche Bedeutung hat, wenn es sich dazu noch in einer weit entfernten Region abspielt und eventuell erst Jahre nach dem Traum zur Wirklichkeit wird. Der größte Abstand Traum – Ereigniseintritt betrug bei Mario zehn Jahre!

So gelangt Mario oft nur durch Zufall – denken Sie an den Fall ›De Tisi‹, wo ein Zeitungspapier weiterführte – an Bestätigungen.

Dabei ist es Mario gar nicht so wichtig, was die

Menschen von ihm und seinen präkognitiven Träumen halten, zumal er nicht im geringsten dem Verdacht ausgesetzt ist, Scharlatan oder Geschäftemacher zu sein. Dafür ist sein Wesen viel zu empfindsam. Für Mario sind seine Wahrträume Aufforderungen, Menschen auf ganz besondere Weise beizustehen und zu helfen. Er fühlt sich als ganz kleiner Mitarbeiter des Allmächtigen, dem ein Tätigkeitsgebiet zugewiesen wurde, das hinüberreicht über die Grenze der Sterblichen.
Diese Auffassung wird uns noch verständlicher, wenn wir die Geschichte von »Renate« gehört haben.

»Es war an einem Morgen im Frühjahr 1956, als ich für kurze Zeit als Aushilfsbriefträger in Girlan tätig war. Ich trat in einen kleinen Laden, und da stand an einem Pult ein junges Mädchen von etwa vierzehn Jahren mit blonden Haaren und einem fröhlichen Gesicht. Mir fiel auf, daß etwas mit ihr nicht stimmte. Ich fragte deshalb, wie es gehe, und merkte aus der Antwort, daß sie etwas bedrückte. Da kamen von meinen Lippen Worte, für die ich nicht die geringste Erklärung finden konnte. Ich sprach:
›Liebe Renate, ich weiß, warum du dich nicht gut fühlst. Darf ich es sagen?‹ Sie bejahte und ich fuhr fort: ›Bitte sei mir nicht böse, aber es ist so, daß du seit kurzer Zeit nicht mehr betest.‹

›Das stimmt, ich finde gar nicht mehr die Kraft dazu.‹

›Gut‹, riet ich, ›dann bete wenigstens ganz kurz. Das Übrige will ich für dich besorgen. Sei nicht verzagt, nie wirst du dich allein fühlen.‹

Und so tat ich und gedachte alle Tage der kleinen blonden Ladengehilfin, die ich ganz aus den Augen verlor.

Erst fünf Jahre später, in der Nacht des 17. 6. 1961 trafen wir wieder zusammen. Sie besuchte mich in Trient, wo ich damals wohnte, in einem meiner Träume. Da sah ich vor mir ein blondes Mädchen und sagte zu mir, das ist doch die Renate! Und ich fragte, was ich für sie tun könne. Das Mädchen war in ein schwarzes Seidengewand gekleidet, blickte mich an und sprach:

›Guter Mario, du hast mir ja bereits geholfen. Weißt, es ging alles so schnell. Aber du warst bei mir und hast mir die Hand gereicht. Nun geht es mir wunderbar. Weißt, ich habe keine Schmerzen mehr, keine Wünsche, nichts mehr bedrückt mich – ich bin glücklich! Das habe ich dir zu verdanken. Bitte gedenke auch weiterhin der anderen!‹

Ich erwachte und dachte an das Mädchen aus dem kleinen Laden in Girlan. Es ließ mir keine Ruhe, denn ich hatte das Gefühl, daß es gestorben war. Da Trient und Girlan nicht allzu weit entfernt sind, trat ich gleich am nächsten Morgen die Fahrt an. In den ersten Vormittagsstunden betrat ich den kleinen Laden. Die Geschäftsinhaberin begrüßte mich. Renate war nirgends zu sehen. So erkundigte ich mich:

›Bitte, wie geht es Renate?‹ Kaum hatte ich den Namen ausgesprochen, da klingelte das Telefon. Die gute Frau Toll, die Inhaberin, bat mich zu warten und verschwand in der Küche, wo der Apparat stand. Als sie zurückkam blickte sie mich ernst an, fast streng, und fragte:

›Warum haben Sie sich vorher nach Renate erkundigt? Herr Mario, ich glaube, Sie wissen schon alles‹, schluchzte sie.

›Ja, Frau Toll, ich weiß es. Soeben bekamen Sie einen Anruf aus dem Krankenhaus in Bozen. Es wurde Ihnen mitgeteilt, daß Renate heute nacht um 1.20 Uhr in ihrem Bett tot aufgefunden wurde. Aber bitte weinen Sie nicht, denn Renate ist gut drüben angekommen. Ich durfte heute nacht mit ihr reden. Sie hat mir versichert, es ginge ihr jetzt wunderbar. Renate hat ausgelitten. Gott hat sie heimgeholt.‹

Frau Toll bestätigte, daß meine Worte und das Krankenhausgespräch bis ins einzelne übereinstimmten.

Renate und ich blieben auch weiterhin gute Freunde, denn ab und zu kommt sie mich besuchen. In einem dieser Traumgesichte bat sie mich ganz inständig darum, immer für die Sterbenden zu beten.

›Weißt, Mario‹, sagte sie, ›es gibt so viele Problemfälle, besonders unter den jungen Menschen.‹ Und dann zeigte sie auf eine Schar von Jungen und Mädchen und meinte: ›Diese kennen dich alle, Mario. Du bist hier gut bekannt, und alle danken sie dir für dein Gebet. Und kommt einmal deine Stunde, Mario, dann sei gewiß, dann kommen wir alle dir entgegen.«

Soweit dieses Traumerlebnis.

Doch Mario seinerseits hat Renate auch besucht – drüben! Er ist schon oft unterwegs gewesen auf der Straße, von der es heißt, daß man sie nicht zurückgehen kann. Mario durchschreitet diese verzauberte Zone hinüber und herüber. Er meint dazu:

»Jenseits unserer sichtbaren Welt sich aufhalten, da wird wohl mancher den Kopf schütteln und sagen, bei dem Borgogno da stimmt's nimmer. Aber – es kommt immer wieder vor. Ich will ganz kurz ein Beispiel nennen.

Ich träumte von einer Frau, die ich gut gekannt habe, denn in ihrem Dorf war ich Briefträger gewesen. Sie war Bäuerin und Witwe. Damals hatte mir der Arzt eine Kur verschrieben in Abano, doch ich konnte sie nicht antreten –

meine Taschen waren leer. Wie die Bäuerin das erfahren hat, weiß ich nicht. Jedenfalls hat sie mir die erforderliche Summe geschenkt. Das war vor vierzig Jahren gewesen! Und jetzt begegnet mir diese Frau im Traum. Sie macht einen frischen und energischen Eindruck. Ich bin als Mönch gekleidet. Sie steht am Ufer, ich stehe rechts von ihr. Es sieht aus wie ein Fluß, was vor uns liegt: Rauschendes Wasser. Die Frau blickt mich an und spricht.

›O wie mich das freut, Mario, daß du mich in dieser Stunde begleitest. Ich danke dir!‹ Und dann fuhr sie entschlossen fort: ›Wenn es Zeit ist, ist es Zeit! Also lass uns gehen!‹ Bis zu den Hüften reichte uns das Wasser. Ich hielt sie an der Hand, und so kamen wir hinüber. Wir haben bei der Durchquerung nichts gesprochen.

Als wir das andere Ufer betraten, standen dort mehrere Menschen, alles Verstorbene. Einige habe ich erkannt. Junge waren es und ältere, alle aus Girlan. Angezogen waren sie, wie sie zu Lebzeiten gekleidet waren. Die Bäuerin, die ich herbegleitet hatte, sagte noch ›vergelt's Gott!‹ zu mir, dann sah ich sie nicht mehr.

Dafür begrüßte mich Renate aus dem kleinen Laden in Girlan, die wohl schon vor zwanzig Jahren verstorben war, und fragte mich:

›Mario, bleibst du hier bei uns?‹

›Gute Renate‹, antwortete ich, ›ich muß wieder fort!‹ Und ich gab auch eine Zeit an: ›Ich muß um 4 Uhr wieder zurück sein!‹ Danach schob sich etwas wie eine Wolke hervor und langsam schwand das Bild. Ich erwachte in meinem Bett. Mein Blick fiel auf die Armbanduhr: 4 Uhr früh.«

Marios Eindruck von all seinen Kontakten mit Verstorbenen faßt er so zusammen:
»Die Dahingegangenen sind den Lebenden sehr nahe. Sie halten viel enger zu uns, sie können uns viel mehr helfen als zu Lebzeiten. Ich glaube, daß man es so erklären kann: Wenn einer über die Brücke ist und sich in der nächsten Dimension aufhält, dann fällt alles materielle Denken von ihm ab. Da sieht er in den Lebenden nur Hilfsbedürftige. Erst wenn man ›drüben‹ ist, erfährt man, wie wenig das Materielle zu unserem Heil beiträgt. Dieses Materielle ist gut, so wie jeder Ziegelstein gut ist, der zum Hausbau benötigt wird. Aber das Essentielle ist das Herz und die Brüderlichkeit.«

Am 6. Tag kommt Bruder Tod

Mittlerweile hat mein Zug den Gotthard passiert und saust die Täler abwärts – Flüelen zu und Zürich. Langsam hat sich der Stoß meiner Papiere gelichtet, ich blicke jetzt durch, wie sich's einteilen läßt.
Die Bäuerin, mit der Mario den Strom überquerte, stammte aus Girlan. Girlan in Südtirol war Mario zur eigentlichen Heimat geworden. Noch heute ist er als Bürger dieser Gemeinde eingetragen. Hier kennt er jeden und mit den meisten Schicksalen ist er vertraut. Daher darf es nicht wundern, wenn ein Großteil seiner Träume hier angesiedelt ist. In ihnen allen spiegelt sich tiefes menschliches Verbundensein.
Drunten in San Lorenzo träumte er von einem Trauerzug in Girlan, der erst sieben Monate später stattfand. Am 16. 12. 1985 schreibt Mario:

»Sehe mich als Mönch in Girlan. Aus einem Haustor tritt eine lange Reihe von Trauernden, die den Sarg des jungverstorbenen Norbert Spitaler begleiten. Er ist der Sohn eines Freundes von mir, und ich kannte ihn schon als Kind. Gleich hinter Mutter und Vater sehe ich ganz deutlich und erkenne sie gut die Großeltern des

Jungen. Doch diese waren ja schon vor vielen Jahren gestorben. Sie gingen mit, langsam und ruhig und so, wie wenn sie auch mitbeteten ... Der Trauerzug bewegte sich durch die Gassen; an der Kirche fand der Gottesdienst statt und dann ging's hinaus auf den Gottesacker.
Ich erwachte und fühlte, Norbert wird bald heimgehen. Ich betete für ihn, daß er sein Leiden gut überstehe und fröhlich hineinwandere in die neue Welt. Nach diesem Traum hat es dann noch über ein halbes Jahr gedauert, genau bis zum 24. 7. 1986, bis dieser Trauerzug sich tatsächlich in Bewegung setzte.«

Aber auch ganz kurzfristig erhält Mario Mitteilung über Leben und Tod. Am 5. 8. 1980 träumte er in Trient:
»Sehe mich im Steueramt der Gemeinde Eppan, zu der Girlan zählt. Bin als einfacher Mann gekleidet und halte in den Händen zwei Steuerbogen. Da bemerke ich einen Freund, dessen Familie mir sehr gut bekannt ist. Er ist ein junger Mann von ungefähr dreißig Jahren. Er sieht mich an, hebt grüßend die Hand und sagt:
›Bist du auch da, Mario!‹ Dann kommt er vor den Schalter und zahlt ein. Als ich nochmals hinblicke, ist der Freund ganz ernst geworden und zeigt mir einen Papierbogen, weißes Papier, aber

mit einem schwarzen Rand. Dann sehe ich den Freund nicht mehr. Er ist verschwunden . . .«
Ich erwache und mache mir viele Gedanken um Josef Seppi aus Girlan. Ist er dem Tode nahe?
Am 6. Tag nach diesem Traum starb der junge Mann ganz unerwartet an Herzversagen.
»Übrigens«, meint Mario, »die Zahl 6 kommt immer wieder vor in meinen Träumen: 6 Stunden, 6 Tage, 6 Monate. Habe schon oft darüber nachgedacht, warum das so ist.«
Und nun noch ein letzter nächtlicher Ausflug Marios nach Girlan.
»Sehe mich als Mönch gekleidet auf dem Friedhof in Girlan inmitten einer großen Menschenmenge. Höre den Namen ›Mutter Bernhard‹ und höre das Weinen und das Beten und die Grabreden. Jemand sagt:
›Nein, nein, eine Frau mit einer solchen Seele, die mit dem Rosenkranz in der Hand stirbt, die ist nicht zu beweinen, eher zu beneiden. Möge sie glücklich sein im neuen Reich!‹
Ich erwache, es ist der 29. 5. 1980 5.55 Uhr morgens. Ich bin sehr traurig, denn ich fühle ganz stark, dieser Traum wird wahr werden. Bete für einen friedvollen Heimgang dieser guten Frau.
Mehrere Monate vergingen, da besuchte ich den Sohn dieser Mutter Bernhard. Bei meiner Abreise fragte er mich:

›Mario, wann kommst du wieder?‹ Da antwortete ich ohne zu überlegen:
›Am Mittwoch bin ich bestimmt wieder hier!‹
Warum kam diese Antwort? Nun, am Mittwoch wurde Mutter Bernhard beerdigt. Nach der Feierlichkeit fragte mich ihr Sohn:
›Sag, Mario, hast du das gewußt?‹
›Ja, lieber Karl‹, antwortete ich, ›ich habe es gewußt. Aber sei nicht traurig, deine Mutter starb mit dem Rosenkranz in den Händen.‹
›Ja hast du denn das auch gewußt?‹
Das geschah genau 100 Tage nach meinem Traum.
Manchmal sehe ich den Tod Jahre im voraus. Es ist eine große Last, die man da an unheilvollem Wissen mit sich herumschleppt, und es tut weh. Ich weiß, dieser Mensch geht noch auf die Jagd, jener eilt noch den Geschäften nach, und doch war ich schon bei ihrer Beerdigung gewesen. Am 16. 4. 1982 träumte ich vom Sterben einer tüchtigen Frau, und ihr Tod trat erst am 16. 12. 1986 ein. Ich bin dieser Frau in jenen Jahren oft begegnet und es gab mir jedesmal einen Stich ins Herz. Da kann man nur beten!«

An einem Faden

Über Marios Träume habe ich einmal einen Film gesehen, der vom Sender Bozen ausgestrahlt wurde. Sein Titel lautete: *»Im Traum durch die Wand« – Außersinnliche Wahrnehmung am Beispiel des Südtirolers Mario Borgogno.* Doch auch auf einem weiteren Gebiet der außersinnlichen Wahrnehmung verfügt Mario über ungewöhnliche Fähigkeiten. Ich meine die Kunst des Pendelns. Schon als ich zum ersten Mal sein Zimmer betrat, fragte ich erstaunt:
»Sag mal Mario, ist das nicht ein Pendel, das du in deinem Zimmer liegen hast? Wie bist du denn dazu gekommen?«
»Ja, das ist ein Pendel, wart ich zeige es dir!« Er stand auf und brachte es. »Schau«, sagte er und nahm das Ende eines Fadens zwischen Daumen und Zeigefinger, »unten hängt ein Steinchen dran. Es könnte auch ein Fingerring sein oder sonst ein kleiner Gegenstand. Dies Pendel habe ich geschenkt bekommen. Zuvor aber hatte ich schon Interessantes darüber gelesen, und das kam so. Ich wurde an einem Bücherstand dermaßen von einem bestimmten Buch angezogen, daß ich

es erwarb – für 99 Peseten, meinen ganzen zusammengekratzten Tascheninhalt. In diesem Buch, das mir ein alter Spanier verkaufte, war viel vom Pendeln die Rede. Dieses mir neue Gebiet außersinnlicher Information faszinierte mich derart, daß ich intensiv zu üben begann.«
»Das mußt du schon genauer erklären, da kann ich mir gar nichts drunter vorstellen«, bat ich.
»Gut, nehmen wir an, jemand hat mich um eine Auskunft gebeten und mir ein Photo von sich überlassen. Dann mache ich zu einer stillen Stunde den Tisch leer, lege darauf ein Blatt Papier und auf dieses dann die Photographie. Ich konzentriere mich nicht besonders, es ist mehr ein Gespräch mit Gott. Zu Anfang bete ich ein Vaterunser, dann spreche ich:
›Schau, dieser Mann ist schon so lange arbeitslos!‹ Oder: ›Bitte höre, diese Frau ist so in Sorge um ihr Kind ... Bitte sag mir nicht nein, ich komme zu dir mit reinem Gewissen.‹ Und dann nehme ich den Pendelfaden zur Hand und halte ihn über das Photo. Ich sage mir: Wenn das Pendel in Schwingung gerät und es schwingt im Uhrzeigersinn, dann bedeutet es eine Bejahung meiner Frage, schwingt es links im Kreis, heißt die Antwort nein. Und so prüfe ich alles von Bedeutung in jedem Fall durch. Das Ganze wiederhole ich einen oder mehrere Tage später. Die Resultate

sind stets dieselben. Und hernach kann ich den Betreffenden das Ergebnis mitteilen.
Meine neue Methode sprach sich herum, und es kamen immer welche, die Kummer hatten.
›Kennst du den Herrn Mario? Der wohnt in der Nähe vom Bahnhof. Wenn du mit ihm reden willst, dann mußt du samstags in die kleine Metzgerei dort gehen, da kommt er immer; auch kann dir der Metzger sagen, wo er genau wohnt.‹ So geht das noch heute.«
»Da besitzt du jetzt aber eine lukrative Einnahmequelle!« lachte ich, »gratuliere!«
»Aber Kurt, du kennst mich doch. Mein Leben lang habe ich für die vielen hundert Hilfeleistungen, die ich erbringen durfte, kein Geld angenommen. Mein Vorbild ist immer noch – wie einst im Kloster Rovereto – der Heilige Franziskus, der in Armut lebte und sein Glück darin fand, anderen zu helfen.«
»Ich weiß, mein Lieber, ich weiß – es war ja auch nur Spaß. Aber bitte sei so lieb und erzähle ein wenig von deinen Erlebnissen mit dem Pendel.«
»Gern! Du mußt wissen, ich habe sie alle notiert und damit schon vor zwanzig Jahren begonnen.
Einmal – ich lebte damals im Altersheim von Kaltern – bat mich die Schwester Oberin, ein Dokument mitzunehmen und im Ort rahmen zu lassen. Ich wußte zwar kein derartiges Geschäft,

aber ich dachte, Gott wird mich schon lenken. Am Dorfende endlich entdeckte ich einen Laden, durch dessen Fenster ein Mann zu sehen war, der an einem Bilderrahmen arbeitete. Gut, dachte ich und ging hinein. Außer dem Mann war noch eine Frau im Raum; sie arbeitete an einem Pult. Ich trug meinen Wunsch vor, und es wurde vereinbart, daß ich am folgenden Freitag das eingerahmte Dokument abholen könne. Ich wandte mich zum Gehen, hatte bereits die Hand auf der Klinke, da hörte ich die Stimme der Frau, die sagte:

›Entschuldigung, Herr Borgogno! Vielleicht halten Sie mich nicht für ganz normal, aber seit Sie hier in diesen Raum getreten sind, verspüre ich den starken Wunsch, mit ihnen über etwas zu sprechen.‹

Ich drehte mich um und antwortete:

›Wenn Sie meinen, daß ich Ihnen irgendwie behilflich sein kann, dann sagen Sie es ruhig.‹

Die Frau schaute mich an und sprach:

›Es ist ganz sonderbar; zu niemanden hätte ich von unserem Problem gesprochen, aber bei Ihnen – und ich sehe Sie ja zum erstenmal – da drängt es förmlich aus mir heraus.‹ Ängstlich blickte sie zu ihrem Mann hin. Der aber nickte verstehend mit dem Kopf. Da begann sie: ›Wir sind schon einige Jahre verheiratet und wünschen uns so sehnsüchtig ein Kind. Doch wir bekommen keines. Sagen Sie, können Sie uns nicht in irgendeiner Weise helfen. Wissen Sie, ich hatte nämlich schon zweimal eine Fehlgeburt, und der Arzt stellte fest, bei mir sei die Vollendung einer Schwangerschaft unmöglich.‹ Ich versprach, ihre Möglichkeiten auszupendeln und am Freitag, bei der Abholung, Antwort auf ihre brennende Frage zu geben.

Ich brachte Freude in das Rahmengeschäft, als ich es wieder betrat.

›Liebe Frau‹, verkündete ich, ›die nächste Schwangerschaft wird ungestört verlaufen. Sie werden ein kerngesundes Mädchen zur Welt bringen.‹

Einige Zeit später traf ich sie auf der Straße und fragte natürlich gleich nach ihrem Befinden.

›Es ist soweit‹, antwortete sie lachend, ›gerade komme ich vom Arzt. Er meinte, diesmal sei anscheinend alles in Ordnung. Ich habe ihm auch gesagt, Herr Mario habe mir ein Mädchen versprochen!‹

›Ach, der Präsident vom Heim!‹ unkte dieser, denn er kannte mich.

Tatsächlich verlief alles gut, und die kleine Lucia erblickte in Kaltern das Licht der Welt.

Die Fähigkeit, solch sicheres Wissen mit dem Pendel zu erlangen, kann – so glaube ich – nicht von mir sein. Ich stelle nur das Herz zur Verfügung – wenn man das so sagen kann.

Ein andermal saß ich in einem Gasthaus. Da kam ein Mann an meinen Tisch, der mich kannte und bat, ob ich nicht seinem Freund, der bei ihm am Tisch saß, helfen könne. Er sei arbeitslos und bemühe sich seit zwei Jahren um eine feste Anstellung, aber vergeblich. Ob ich nicht mit dem Pendel Klarheit schaffen könne.
›Ich will's gerne versuchen‹, gab ich zur Antwort. Ich erhielt dann ein Paßbild und sagte eine Auskunft zu, bis in einigen Tagen. Sie fiel positiv aus: sein Wunsch würde bald in Erfüllung gehen. So geschah es auch. Eine Woche später erhielt er einen eingeschriebenen Brief mit der Nachricht einer Anstellung.

Besonders gefreut habe ich mich über ein Pendelresultat, das gleich viele Personen betraf. Da gab es eine Omnibusgesellschaft, welche die Strecke zwischen San Remo und Cervo befuhr. Diese Gesellschaft wurde aufgelöst und das gesamte Personal dadurch arbeitslos. Da bat mich eine Frau, ob ich nicht das Pendel befragen könne, es seien doch ganz schlimme Aussichten für so viele Familien.
Diesmal besaß ich kein Photo, keine Schrift, gar

nichts. Aber – es funktionierte auch so. Mein Resultat: In genau sieben Wochen wird der Betrieb wieder aufgenommen. Nicht von der alten Gesellschaft, nicht von einer neuen Gesellschaft. Aber alles wird gut ausgehen.
Nun, ich mach's kurz: Sieben Wochen, das war ein Samstag, aber am darauffolgenden Montag rollten die Busse wieder. Die Angestellten hatten sich geeinigt, in eigener Regie die Firma weiterzuführen.«
»Mario«, unterbrach ich seinen Redefluß, »ich kann mir denken, daß die Kunde von solchen Voraussagen durch Dorf und Stadt eilt und oft die unmöglichsten Wünsche an dich herangetragen werden.«
»Das kann man wohl sagen, Kurt. Einer wollte schnell zu Geld kommen und bat, ich solle ihm das beste Datum zum Aktienkauf auspendeln. Einem Piloten sollte ich helfen, ein Flugzeug zu kaufen, einem Drachenflieger auspendeln, ob er dieses Jahr nicht abstürze und Studenten wollten ihre Prüfungsnoten erfahren. Letzteres habe ich einmal getan. Aber das war ein ganz besonderer Fall. Soll ich's geschwind einflechten? Gut. Ich saß im Zug, fuhr hinauf von der Riviera nach meinem Südtirol. Es war in den Morgenstunden, als eine Frau mit einem jüngeren Mann einstieg. Er tat sich schwer beim Gehen und hatte eine

absonderliche Körperhaltung. Es kam mir vor wie Muskelschwund. Es war ein netter Junge, der sich mir gegenüber ins Eck setzte, aber er wirkte bedrückt. Von seiner Mutter erfuhr ich, daß sie ihn nach Innsbruck begleite, wo er an der Universität studieren solle.
›Aber er geht nicht gern‹, fügte sie an, ›nur, weil ich ihn so eindringlich drum gebeten habe.‹
Der Junge schwieg immer noch. Ich fühlte, wie sehr die Frau darunter litt. Wir unterhielten uns weiter, und ich erzählte ihr, was ich so mache.

Kurz vor Franzensfeste hat er mich dann angeblickt und gefragt:
›Bitte darf ich Ihnen mal schreiben?‹
So begann eine jahrelange Korrespondenz, und eines Tages bestand der junge Mann das Staatsexamen und erwarb sogar den Doktortitel. Ihm habe ich vorausgesagt, welche Noten er in den einzelnen Fächern bekommen würde. Er heißt Peter Paul Gasser und lehrt in Meran. Aber um seine Traurigkeit, damals in der Bahn, zu erklären: Er litt, wie ich vermutet hatte, wirklich an Muskelschwund. Sein Vater war mit zweiundvierzig Jahren an diesem Leiden gestorben – ebenfalls sein Großvater – mit sechzig Jahren! Also gehörte schon eine Portion Lebensmut dazu, unter solch düsteren Zukunftsaussichten

ein Studium zu beginnen. Später meinte Peter, meine einfachen Briefe hätten ihn immer wieder aufgemuntert, durchzuhalten.«

»Immer wieder, Mario, staune ich über dein enormes Gedächtnis. Erzählst du, klingt es stets, als hätte es sich gestern erst ereignet. Und ohne nachzudenken nennst du zu jedem Ereignis Jahr und Tag, oftmals sogar die Stunde. Wie steht es nun aber – und diese Frage erhebt wohl jeder Leser – mit der Fehlerquote bei deiner Pendelarbeit? Vollkommenheit gibt es wohl nicht, bei dem was wir Menschen vollbringen!«
»Da hast du recht, Kurt. Ja, es gab in seltenen Fällen auch Fehlresultate, aber sehr wenige. Doch da muß ich sofort anfügen: Mein Verdienst ist das nicht! Ich bin nur ein Werkzeug, das Gott benützt.«
»Ein paar medizinische Erlebnisse laß mich noch erwähnen, um die Breite der Pendelarbeit aufzuzeigen.

Eines Tages begegnete ich auf der Straße einem bekannten Ehepaar. Nach der Begrüßung erkundigte ich mich nach den Kindern. Ein Sohn war Missionar, einer Mönch; vier Töchter waren Ordensfrauen, zwei verheiratet.

›Es geht ihnen gut‹, kam die Antwort, ›nur eine der Klosterfrauen, Julia, ist seit zwei Jahren krank; sie war schon bei verschiedenen Ärzten und in einigen Kliniken – jedoch ohne Erfolg.‹ Ob ich vielleicht etwas für sie tun könnte?

›Ich werde es versuchen‹, versprach ich und bat um eine Photo. Zuhause nahm ich das Pendel und sprach: Zeige mir, wo die Krankheit sitzt. Rechtsdrehung heißt gesund, Linksdrehung krank. Das Ergebnis war eindeutig: Über dem ganzen Körper Pendel in Rechtskreisen, nur – im oberen Teil des Halses blieb es jedesmal stehen und strebte dann mit Macht in die Gegenrichtung.

Soweit mein Pendel. Was ich aber den Eltern sagte, hatte damit nichts mehr zu tun – es war wieder eine dieser vollkommen unerklärlichen Eingebungen. Ich sagte nämlich:

›Die Klosterfrau leidet an einer eitrigen Mandelentzündung! Suchen Sie mit Ihrer Tochter eine Klinik für Halskrankheiten in Mailand auf. Dort werden Sie einem älteren Arzt begegnen, der ab und zu Dienst tut. Den lassen Sie eine Untersuchung machen. Er wird schimpfen und fragen, warum Sie erst jetzt kommen. Eine Operation wird nötig sein, doch wird alles gut verlaufen.‹

Nach einem dreiviertel Jahr kam ein Brief:

›Wieder einmal hatten Sie recht. Den Arzt haben

wir getroffen, und er hat uns tatsächlich angepfiffen. Seit der Operation ist unsere Tochter kerngesund.‹

Es war Ende Juni 1979. Ich befand mich in Trento bei Freunden, und eine gute Bekannte, eine Professorin, bat mich dort um folgendes:
»Herr Borgogno, ich habe eine Frage, die mir am Herzen liegt. Könnten Sie mir nicht helfen, eine Antwort zu finden? Es ist nämlich so: ich habe eine Freundin in Turin, die seit längerer Zeit krank ist. Ihr Mann hat sie schon zu allen möglichen Ärzten gebracht, aber ohne eine Heilung zu erreichen.
Bitte versuchen Sie eine Antwort zu bekommen, hier habe ich ihren Namen aufgeschrieben.«
Ich nahm den Zettel an mich und versprach, das Pendel zu befragen. Nebenbei: diese Freundin habe ich nie kennengelernt, allein der Name war die Verbindung zu ihr. Ich pendelte also und stellte zuerst die Frage: ›Ist das ein ernster Fall?‹ Mein Pendel reagierte darauf mit außergewöhnlich starker Bejahung. Die zweite Frage lautete: ›Ist die Ursache das Herz?‹ Die Antwort ergab ein klares Nein. Nun fragte ich, ob es einen Zusammenhang von Krankheit und Blut gäbe und das Pendel signalisierte Ja in extrem starker Weise. Ich dachte sofort an Leukämie und auch

diesen Gedanken erkannte die Pendelschwingung als absolut richtig an. Meine darauffolgende Frage lautete: ›Gibt es eine Heilchance?‹ Das Pendel verneinte. Zuletzt ermittelte ich noch die verbleibende Lebenszeit dieser Turiner Freundin meiner Bekannten. Die Pendelauskunft an diesem 29. 6. 1979 lautete 6 Monate. Nebenbei: alle diese Fragen habe ich nur in Gedanken gestellt, nicht laut ausgesprochen.
Meine Auskunft für die bekannte Professorin konnte ich also nicht frohen Herzens geben. Sie wollte es nicht glauben.
Ein halbes Jahr danach, in den ersten Tagen des Januar 1980 blätterte ich in einer Zeitung und stieß auf die Todesanzeige der Freundin: gestorben in Paris am 31. Dezember 1979.
Das Schicksal dieser jungen Frau hat mir besonders wehgetan, denn sie war die Mutter von einem dreijährigen Mädchen gewesen, wie ich in der Traueranzeige gelesen habe.

Eines Tages kam ein älterer Herr zu mir, dessen Frau sich seit längerer Zeit nicht wohlfühlte. Er bat mich, ihm zu helfen. Da sagte ich:
»Hören Sie, als Pendler ist es mir nicht erlaubt, etwas auszusagen über den Gesundheitszustand eines Menschen. Das könnte den Ärzten nicht recht sein. Doch der Mann hat mich solange ge-

beten, immer und immer wieder, daß ich schließlich nachgab.
Ich habe dann über dem auf ein Papier geschriebenen Namen der Frau gependelt, dem Mann teilte ich mit: ›Ich habe durch mein Pendeln erfahren, daß Ihre Frau unbedingt operiert werden muß. Aber Sie brauchen keine Angst zu haben, es wird alles gutgehen. Beim Operieren erst wird der Arzt erkennen, wie notwendig der Eingriff war. Aber ich versichere Sie, daß der weitere Verlauf ohne Komplikationen sein wird. Erwähnen Sie beim Arzt nichts von meiner Tätigkeit, denn er würde es vielleicht als Beleidigung auffassen.‹
Die Frau wurde ins Spital eingeliefert. Der behandelnde Arzt bat den Ehemann zu sich und sprach:
›Der Fall Ihrer Frau ist kompliziert, und wir werden operieren müssen, um zu sehen, welche Veränderungen im Bauchraum vorliegen.
Da konnte sich der Ehemann nicht enthalten und platzte los:
›Ja, ja, ich weiß schon!‹ Der Arzt wunderte sich:
›Was, das wissen Sie schon?‹ Und der Ehemann antwortete:
›Verzeihung, Herr Doktor, es war so schwer für mich, und da ging ich zu einem befreundeten Mann; der hat mir mit dem Pendel Auskunft

gegeben. Er hat auch vorausgesagt, daß meine Frau nach der Operation wieder ganz gesund wird. Und so geschah es auch.
Dieser Vorgang liegt siebzehn Jahre zurück. Die Frau lebt heute hochbetagt mit ihrem Mann in einem Heim.
Ich konnte nicht umhin, Mario eine Frage zu stellen, denn nach fünfunddreißig Jahren als Landtierarzt ist man Laiendiagnosen gegenüber, auch wenn sie noch so gut gemeint sind, recht skeptisch.
»Sag mal, Mario, bist du denn bei solchen medizinischen Behauptungen nie mit den Ärzten in Konflikt gekommen?«
»Was denkst du! – Nein, es entsprach ja in jedem einzelnen Fall der Wahrheit, was ich sagte. Du mußt verstehen, es sind ja nicht meine Diagnosen. Weißt, droben gibt es einen Oberarzt; ihn frage ich halt, wenn hier unten sich die Ärzte bei einem Patienten schwer tun. So – und jetzt komme ich wirklich zum Schluß. Es war im Pustertal, ich wohnte dort für einige Wochen bei Bekannten. Besuch war gekommen, und man unterhielt sich über eine Oma aus der Verwandtschaft, die sich einer Gallenstein-Operation hatte unterziehen müssen und noch im Krankenhaus lag. Es stand nicht gut um sie. Da ging ich ins Nebenzimmer, nahm mein Pendel und befragte

es: Hat diese Oma noch hundert Prozent Lebenskraft – ja oder nein – hat sie noch achtzig Prozent – noch sechzig Prozent? Bei dreißig Prozent kam das ja. Ich begab mich wieder zur Gesellschaft, und nach ein paar Stunden wiederholte ich das Ganze. Da sagte das Pendel: null Prozent. Die Oma mußte also gestorben sein. Als die Gäste sich verabschiedeten, sagte ich zu ihnen:
›Es tut mir leid, aber wenn Sie zuhause zur Tür hineingehen werden, wird das Telefon klingeln. Es wird sich das Spital melden und Ihnen mitteilen, daß die Oma verstorben ist.‹«
»Mario, das grenzt ans Unwahrscheinliche – alles, was du heute abend erzählt hast. Und ich denke, daß viele Menschen, die so etwas hören, es wenig glaubhaft finden werden.«
»Ja leider. Außersinnlicher Wahrnehmung stehen die meisten mit Skepsis gegenüber, und viele lehnen die Existenz solcher Vorkommnisse rundweg ab. Wie immer man aber zu diesen Erscheinungen steht, die Wissenschaft weiß längst, daß der Mensch bislang nur einen Bruchteil seiner Fähigkeiten zu nutzen vermag. Daher, und weil auch die Kirche zu einer positiven Einschätzung dieser Phänomene gekommen ist, wird es nur eine Frage der Zeit sein, bis das Wissen um einen sechsten Sinn Allgemeingut wird.
Im übrigen, das muß ich vielleicht noch zum

Thema Pendel nachtragen, habe ich es mir zur Gewohnheit werden lassen, Fragen auszupendeln, ohne sie zu kennen. Der Fragesteller spricht nicht, er schreibt nicht, er denkt nur seine Frage. Fünf bis zehn Sekunden genügen. – Diese Gedankenübermittlung habe ich gewählt, um zu verhindern, daß jemand, den ein heikles Thema drückt, gehemmt ist, es auszusprechen. Die Privatsphäre des anderen soll unangetastet bleiben. Zudem wird dadurch jede Subjektivität, die ein Ergebnis beeinflussen könnte, ausgeschaltet.«

»Wie lange arbeitest du schon mit dem Pendel?«

»Heuer sind es bereits zweiundzwanzig Jahre. Es ist mir ein zuverlässiges Hilfsmittel geworden, wenn es darum geht, denen zu helfen, die sich in ihrer Not an mich wenden.«

Das Spektrum

Nun aber wieder zurück zu Marios nächtlichem Erleben.
Aus dem Heimatbereich heraus führen seine Traumreisen immer wieder ganz unverhofft an unerklärliche Orte und zu ihm ganz fremden Geschehnissen, zu denen er meist keinerlei Bezug hat. Da erlebt er in Savigliano bei Turin eine nächtliche Schiesserei zwischen Carabinieri und einem Vorbestraften – vier Wochen, bevor sie stattfand. In Warschau/Polen ist er nachts 23.50 Uhr in der Bank »Polska Kassa Oschonhosciel« und vernimmt den furchtbaren Knall einer Explosion, die in Wirklichkeit erst am folgenden Vormittag 11.45 Uhr das Gebäude erschüttert. Als Schwalbe schwebt er über dem bekannten Wallfahrtsort Lourdes in Frankreich und ist dort beim Kardinal Dell Acqua in seiner letzten Lebensminute. Er ist Fahrgast in einem Autobus in Neapel, dem die Bremsen versagen – ein halbes Jahr, bevor es passiert. Mario erleidet die Schrekken eines Erdbebens in Salerno und Potenza/ Süditalien einen Tag, bevor dort die Mauern einstürzen. Im Tyrrhenischen Meer stoßen im Nebel

zwei Schiffe zusammen, Mario sieht eine halbe Stunde vorher das Unglück heraufziehen. Einen Monat vor einem der größten Eisenbahnunglücke, die Italien je erlebt hat (21. 11. 1980 in Süditalien) steht Mario vor dem entgleisten Zug und hört die Hilferufe der Verletzten und der Eingequetschten.

Aber Mario verläßt auch, wenn er seine nächtlichen Wanderungen antritt, den Kontinent Europa. Ein kurzes Beispiel dafür ist die Geschichte von Kim Rabanashad.

»Das ist der Name eines Jungen in Indien, dem ich im Traum begegnete«, berichtet Mario. »Er mochte ungefähr acht Jahre alt sein und weinte. Als er meiner gewahr wurde, schluchzte er:

›Mario, Mario, please come with me, my grandmother is dieing‹ (Mario, Mario, bitte begleite mich, meine Großmutter liegt im Sterben.) – Ich ging mit dem Jungen. Braun, mit schwarzem Haar und nur mit einem Lendentuch bekleidet, schritt er mir voraus durch einen Dschungelwald. Ich selbst war als Mönch gekleidet. Nach kurzer Zeit erreichten wir eine Lichtung. Dort stand eine runde Bambushütte. Vor dem Eingang hing eine Decke. Ich trat mit Kim ein und sah linker Hand ein niederes Holzbett, auf dem eine alte Frau lag. Ihr Haar war schlohweiß, ihr Gesicht eingefallen. Ich gab ihr die Hand und betete, bis ich fühlte, wie die Hand in meiner erkaltet war. Ich erhob meinen Arm und segnete sie. Kim weinte laut. Dann schloß ich ihr die Augen. Der kleine Kim legte seine Arme um meinen Hals, drückte sich an mich. Dann verschwand das Bild. Als ich aufwachte sinnierte ich, wo ich heute Nacht wohl gewesen und woher der Junge im anderen Erdteil wohl meinen Namen wußte. Diesen Traum bewahrte ich tief in meinem Herzen.«

Ich hatte den ganzen Stoß Aufzeichnungen durchgeblättert. Es war so viel gewesen, daß mir der Kopf schwirrte. Wie ich aber jetzt aufschaue und aus dem Fenster blicke, eilen die Wagen hinter der Lok bereits an den lieblichen Ufern des Züricher Sees entlang.
Gut, denke ich. Jetzt verstaue ich erstmal alles Papierzeug in meiner Tasche und freue mich auf einen Spaziergang – und wenn's auch nur auf dem Bahnsteig ist.

Deutsche Frequenzen

So, das flotte Auf- und Abmarschieren hat die steifgesessenen Glieder wieder mobil gemacht – und eine Tageszeitung habe ich auch erworben. Bin gespannt, was sich alles ereignet hat in den letzten Tagen, denn unten bei Mario hatte ich für derlei keinen Kopf.
So lasse ich mich also, wie wir aus Zürich herausrollen, in die Polster fallen und lese vom Irak und von Boris Becker und was es sonst noch an Wichtigem und weniger Wichtigem zu erfahren gibt. Erst als wir bei Schaffhausen den Rhein überqueren, nehme ich mir nochmal das Traumpaket vor. Ich wähle einiges aus, was seinen Ursprung in Deutschland hat.

»Habe im Traum auf einem Tisch die »Nürnberger Nachrichten« liegen sehen«, lese ich. »Als ich die Zeitung durchblätterte, fand ich auf der letzten Seite unter den Todesanzeigen den Namen Frau Maria Müller, geb. Dirrigl. Als Todestag war angegeben 24. 1. 1972. Gleich danach sehe ich vor mir eine noch junge, blonde Frau, die mir lächelnd versichert, fünf Minuten vor zwölf Uhr mittags werde ich den Traum verstehen und außerdem eine kleine Überraschung erleben.

Ich erwache, bete für Frau Müller, die ich vor Jahren kennengelernt und der ich zu den Feiertagen immer einen Kartengruß gesandt hatte.
Der Vormittag verging rasch, eben wollte ich anfangen, etwas zu kochen, da fiel mein Blick auf die Armbanduhr. Es war genau 11.55 Uhr. Also kochte ich nicht, sondern lief die Treppen hinunter und fand im Briefkasten einen schwarzumrandeten Brief mit der Nachricht vom Tod der Frau Maria Müller, geschrieben von der Tochter, und beigelegt waren zwei 10-DM-Scheine: Die Überraschung! Ich wohnte damals in Diano Marina, träumte am 11. 3. 1972, also fast zwei Monate nach dem Todesfall.«
Außergewöhnlich ist wohl auch, daß Mario von einer jungen Reiterin droben in Oldenburg, im Norden Deutschlands, träumte.
»Sehe mich in einem Gasthaus«, beginnt er. »Sitze dort und sehe durch eines der großen Fenster auf Wiesen und Felder. Da beobachte ich voll Entsetzen, wie ein halbwüchsiges Mädchen dahergaloppiert, wie plötzlich sein Pferd stolpert und stürzt. Die kleine Reiterin schlägt mit dem Kopf auf den Boden und bleibt blutend liegen. – Die Leute im Gasthaus reden Deutsch, doch meinen Schreckensruf scheinen sie nicht zu hören. Erst nach Minuten kommt Hilfe. Ich erwache. Wo war ich? Das war zwar Deutsch, aber ein ganz

anderes, als man es in Südtirol spricht. Bin traurig. Es ist 2 Uhr 20 am Morgen, und ich liege in einer kleinen Pension neben dem Bahnhof von Bozen. Habe niemand erkannt in diesem Traum, doch befürchte ich einen tödlichen Ausgang. Und so kam es, genau drei Wochen später.
Bei einer ›Fuchsjagd‹ nahe Aschenbeck in Oldenburg stürzte die 13jährige S. Hempel und verstarb im Oldenburger Krankenhaus.«

Nur ganz selten wird Mario im Traum mit etwas Lustigem bedacht. Am 5. 3. 1973 aber geschah es: Er war wie immer zeitig ins Bett gegangen und schlief um 22 Uhr schon fest. Aus dieser Nacht ist folgende Aufzeichnung bei seinen Papieren.
»Wo bin ich heute abend gelandet? Das ist ja was Wunderbares! Da habe ich, ohne einen Fernsehapparat zu besitzen, eine ganze Sendung in deutscher Sprache empfangen! Sie heißt ›Knallbonbons‹, ist eine fröhliche Liedersendung, wie beim Karneval, lustig und in bunten Farben. Das habe ich noch niemals erlebt bisher. Ich bin so frohgemut aufgewacht wie selten. Ich danke dem Himmel für einen so vergnügten Abend. – Natürlich wollte ich wissen, ob diese Sendung wirklich ausgestrahlt worden war zu diesem Zeitpunkt. So zog ich Erkundigungen ein bei der Redaktion von ›Hör zu‹ in Hamburg und danach beim Hes-

sischen Rundfunk in Frankfurt am Main. Und – es war so gewesen. Die Sendung Knallbonbons lief am 5. 3. 1973 von 22 Uhr bis 23 Uhr 30.«

Einmal begab sich Mario auf seiner Nachtwanderung nach Regensburg in Bayern. Am Abend vorher hatte er einen Zeitungsartikel gelesen, in dem berichtet wurde, daß in dieser Stadt ein achtjähriges Mädchen an einem Gehirntumor gestorben sei. Mario hatte für die kleine Seele gebetet. Seinen Traum beschreibt er so:
»Sehe mich als Mönch. Befinde mich in einem großen, sehr gepflegten Friedhof. Alles deutsche Grabinschriften. Gar in Deutschland? Nicht weit vom Eingang ein mittelgroßes Gebäude von heller Farbe. Am Eingang ein Eisentor.
Gehe langsam dem Innern des Friedhofes zu. Da begegne ich einem kleinen Mädchen. Es trägt einen Schulranzen auf dem Rücken, ist gekleidet mit einem wollenen Jäckchen und einem Faltenrock, rotschwarz kariert. Das Kind ist heiter, hält vor mir an und spricht:
›Lieber Mario, bitte weine nicht mehr, weißt, das tut mir weh! Komm, ich zeige dir, wo ich begraben bin. Aber eigentlich bin ich ja nicht hier, bin ganz woanders. Und es geht mir jetzt gut. Weißt, jetzt habe ich keine Schmerzen mehr. Das tat so schrecklich weh in meinem Kopf. Aber jetzt ist

alles vorüber. Und du darfst nicht mehr um mich weinen, versprich es!‹ Ganz lieb blickte sie mich dabei an und fast schelmisch fuhr sie fort: ›Kommst du mich mal besuchen? Ganz bestimmt, bitte?‹ Jetzt legt sie die Hände auf den Rücken, lacht und sagt: ›Du besuchst mich bestimmt, ich weiß es.‹

Nun waren wir angekommen, denn das Mädchen streckte den Arm aus und zeigte auf ein Grab: ›Siehst dort liege ich begraben.‹

Ich erwache und weine vor Freude, denn ich durfte der kleinen Martina, um die ich so in Sorge war, ›drüben‹ begegnen. Sie war so frisch wie eine Blume, ein liebes, fröhliches Mädchen.

Im Traum hatte ich Martina versprochen, sie zu besuchen. Dies setzte ich, sobald es mir möglich war, in die Tat um. Dort, auf dem großen Friedhof von Regensburg benötigte ich nicht länger als zehn Minuten, die Ruhestätte der kleinen Martina zu finden. Kein Wunder, sie selbst hatte mir ja den Weg gewiesen.«

Mario fängt sofort nach dem Aufwachen aus dem Traum an zu schreiben, das hörten wir schon. »Aber«, so sagt er, »oft ist der Inhalt des Traumgeschehens so unbegreiflich, daß ihn der Verstand nicht gelten lassen will.« Bei »Martina« mag es ihm wohl so ergangen sein.

Kloster Neresheim

Draußen vor dem Fenster fliegen die Dörfer und die Städtchen Baden-Württembergs vorbei. Nächste Station wird Stuttgart sein. Da fällt mir ein, vor vielen Jahren – präzise im November 1972 – reiste auch Mario hierher ins Schwabenland. Mit diesem Besuch hatte es so seine Bewandtnis. Mario schreibt:

»Im September 1972 fand ich in der Kirche von Ehrenburg in Südtirol einige Blätter, aufgelegt zum Mitnehmen. Davon steckte ich eines in die Tasche. Es stammte schon vom Frühjahr und enthielt unter anderem die Notiz, man könnte sich zu einer Freizeit mit Exercitien, wie Autogenes Training, Yoga, usw. im Kloster Neresheim, in Deutschland, melden. Die Pater boten Kost und Unterkunft, man sollte dafür etwas mitarbeiten in Garten und Haus. Ich dachte mir zwar, daß ich mit nur einem Arm wenig nützlich sein könnte, aber mein Wunsch, dorthin zu reisen war groß.
›Ach lieber Gott‹, sprach ich, ›wenn du meinst, daß es gut ist – möchte ich hinfahren.‹
Da schlief ich ein. Und in der Nacht träumte ich von Neresheim. Ich war nie dortgewesen, hatte

auch niemals ein Bild vom Kloster gesehen. Aber nun traf ich im Traum einen Pater. Er war schwarz gekleidet und trug einen weißen Bart – ein freundlicher Mann. Und er sagte: ›Komm doch zu uns! Es freut uns! Auch ihn hatte ich noch nie gesehen. Anschließend zeigte er mir das ganze Kloster. Hernach wußte ich, wo sich der Speisesaal befand, wie die Sitzordnung war, wie die Patres hießen und was ihre Aufgaben waren. Wir gingen die Gänge entlang, ich sah die Zellen und auch die Bibliothek. Ich war vollständig im Bild über alles, als ich aufwachte. Das war doch ein Zeichen, daß der Herrgott nicht dagegen war. Also schrieb ich hin und erwähnte, ich sei Invalide, hätte aber große Sehnsucht zu kommen. Ob ich wohl zum letzten Termin – Ende November lief dieses Angebot aus – anreisen könnte? Die Antwort fiel sehr freundlich aus: Ich solle ruhig kommen! Am 17. oder 18. November bin ich dann in Neresheim eingetroffen. Es herrschte schon tiefster Winter, und der Pater Superior hatte an diesem Morgen beim ersten Blick aus dem Fenster ausgerufen – hinterher wurde es mir berichtet – ›Was ist heute los? Soviel Schnee über Nacht um diese Jahreszeit, das hat es schon lange nicht mehr gegeben! Was bedeutet denn das?‹

›Heut kommt einer aus Italien!‹ sagte Pater Beda.

›Aus Italien?‹

›Ja, in seinem Brief steht, er wolle so gern kommen und auch, daß er ein Krüppel ist.‹
Und gerade dieser Pater Beda, von dem ich im Traum schon gehört hatte, holte mich am Bahnhof ab und brachte mich hinauf ins Kloster. Als wir dort angekommen waren, wollte er mir die Räumlichkeiten zeigen und fragte mich, wie ich auf die Idee gekommen sei, gerade nach Neresheim zu reisen. Da antwortete ich: ›Ich habe dem Herrgott gegenüber diesen Wunsch ausgesprochen und hatte in der Nacht – bitte erschrecken Sie nicht – einen Traum, in dem ich einem Benediktiner-Pater mit schwarzem Talar und weißem Bart begegnete. Der sprach zu mir: ›Mario, komm nur, wir freuen uns auf dich!‹ Und dann fügte er noch hinzu: ›Der Pater Beda Müller wird dir alles zeigen!‹
›So, so?‹ erwiderte der Pater und wollte mit der Führung beginnen. Ich aber sprach:
›Hier an der zweiten Pforte kommt man in den Speisesaal. In ihm steht unten eine Bank, auf der die Oberen Platz nehmen. Auf der linken Seite sitzt ein junger Pater, der mit Musik zu tun hat, er spielt auch die Orgel. In der Mitte befinden sich zwei Tische, an denen jüngere Pater ihren Sitz haben. Sonst sind es hauptsächlich ältere Mönche. Und hier entlang geht es in die Bibliothek!‹ zeigte ich.

›Was? Woher wissen Sie das alles?‹ schnappte der gute Pater Beda nach Luft.
›Das hat mir schon der freundliche Pater mit dem weißen Bart gezeigt und erklärt. Aber alles konnte ich nicht behalten.‹
Abends hat Pater Beda zum Superior gesagt:
›Ist es nicht eigenartig, daß der alles weiß über die Räumlichkeiten und über die Pater. Er kennt die Gänge, wo es zur Kirche geht und zur Kapelle.‹
Beim Abendbrot fanden sich alle im großen Speisesaal ein, und hinterher fragte mich Pater Beda:
›Haben Sie jetzt den Pater erkannt, der Ihnen im Traum erschienen ist?‹
›Nein‹, sagte ich und schüttelte entschieden den Kopf. ›Ich habe mir alle angesehen. Keiner von den Anwesenden war es. Aber‹, fügte ich nach einigem Besinnen hinzu, ›ich kann Ihnen sagen, wo er saß, als ich im Traum mit ihm sprach. An seinem Platz sitzt jetzt ein jüngerer Pater.‹
›Das ist sonderbar.‹ Mehr fiel dem immer mehr in Zweifel geratenden Pater Beda nicht ein.
Am anderen Tag durfte ich die Bibliothek besuchen, und wieder begleitete mich Pater Beda.
›Na endlich!‹ rief ich hocherfreut aus, als wir an den Wänden entlangschritten. Ich war stehengeblieben und zeigte mit der Hand auf ein Portraitbild, das mit etlichen anderen an der Wand hing.

›Da ist er ja, der Pater, der mir alles erklärt hat!‹ In der ersten Sekunde hatte ich meinen nächtlichen Bekannten aus allen anderen herausgekannt. Pater Beda war baß erstaunt:
›Aber, aber ...‹ stammelte er, ›dieser Pater ist schon vor vielen Jahren gestorben! – Doch hören Sie, der saß wirklich dort, wo sie gestern gemeint haben ...‹ Der Pater wiegte den Kopf, lehnte sich an einen Schrank und schloß die Augen, als müsse die ganze Tragweite dieses Vorganges erst auf den Grund seines Verstehens oder besser Ahnens sinken. Dann sprach er langsam:
›Herr Borgogno, Sie sind ein Begnadeter.‹
Acht oder zehn Tage durfte ich bleiben, und es wurde zu einem wunderbaren Erlebnis für mich. Noch heute hängt ein Bild vom schönen Kloster Neresheim in meiner Wohnküche.«

Es wurde Abend. In großem Bogen lief der Zug in den Stuttgarter Talkessel ein. Rechtschaffen müde lehnte ich mich zurück. Alles Schriftliche hatte ich in der Reisetasche verschwinden lassen und dachte nur daran, daß ich in einer Stunde wohl zuhause sein würde. Noch einmal umsteigen. In Göppingen wartete meine Frau mit dem Auto.

Die goldene Kette

In den ersten Tagen nach meiner Rückkehr kamen die Enkel auf Besuch, war die 92jährige Tante Bertl zu versorgen, die Hecke mußte geschnitten werden, das Gras gemäht und dergleichen mehr. Endlich konnte ich das Leben Marios noch einmal zusammenfassend betrachten und mir meine Gedanken darüber machen.

Zunächst drängte sich mir nochmals das Thema »Träume« auf, das mich pausenlos weiterbeschäftigt hatte. Die Motivationen für seine Trauminhalte stammen bei Mario, so denke ich, aus seinem alles andere in seinem Leben überdeckenden Wunsch zu helfen. In vielen seiner Versionen hält er die Hände der Sterbenden, ist bei ihnen und spricht ihnen Trost zu. Wenn er betet, dann fühlen sie sich in den letzten Momenten ihres Lebens nicht allein und überstehen sie ohne Angst.
»Sie sehen mich und sie sprechen mit mir; ich halte sie fest und sie lächeln mich an; und schließlich hat es auch Verstorbene gegeben, die Tage und Wochen nach ihrer Fahrt ins Jenseits, bei der ich anwesend war, mich nochmals im Traum aufsuchten und sich bei mir bedankt haben. Sie

alle waren glücklich und von Licht umgeben ...«
Soweit Mario selbst.
Tiefempfundene Nächstenliebe begleitet ihn und tiefempfundener Glaube.
»Das ist nicht mein Werk. Es ist, wie wenn Wasser durch ein Rohr fließt. Ich bin das Rohr, das Wasser ist die Gnade« lautet sein Bekenntnis.
Aber wenn man das alles kritisch liest, dann bemerkt man, daß dieser Mario nicht die Zukunft sieht, sondern daß er sie erlebt. Wenn aber die Zukunft – und auch die Vergangenheit – das Hier und Jetzt darzustellen vermögen, dann kann man sich fragen, ob etwa nicht unser Gedächtnis symmetrisch angelegt ist. Daß es also genauso in die Zukunft gerichtet ist wie in die Vergangenheit, nach hinten wie nach vorne.
Rätselhaft und unfaßbar für unseren bescheidenen Verstand indes bleibt, wie von der Ebene der Allwissenheit, die Informationen zur Antenne eines Mario gelangen.
Denken wir an das »allgemeine Gefühl« das er hatte, daß mit dem Bruder Anton im Kloster Rovereto etwas nicht stimmte; erinnern wir uns an das Wissen, das ein Gegenstand übermittelte, wie das Photo des Freundes von Karl oder die Militärdecke; der Schmerz im Knie signalisierte den Hilfeschrei der Maria Stocker, das Empfinden einer feurigen Hitze meldete die Über-

schwemmung in Trient; ein Traum machte ihn auf seine Verstümmelung um 16.05 aufmerksam, und das Pendel entdeckte ihm die Erkrankung der Klosterfrau Julia. Und wie oft stand Mario da und wollte helfen und wußte nicht wie und dann bat er: Leg› mir's auf die Zunge! Was er dann von sich gab, war Rat aus erster Hand, war die Sprache der Allwissenheit (oder kann das jemand besser erklären?). Auch Verstorbene, wie der Arzt Dr. Zanoni, der Junge Michel oder das Mädchen Martina traten als Informanten Marios auf. Zudem, und das habe ich selbst erlebt, empfängt Mario spontan Gedanken, die in eines anderen Kopf gerade entstehen. Vielleicht empfing er auf diese Weise auch das Fernsehprogramm »Knallbonbons«, vielleicht bekam er die Bilder von echten Zuschauern in seinen Traum überspielt?
Eine Begebenheit, in der sich der Wunsch zu helfen, Gebet, Pendel, Traum, Eingebung und Telepathie zusammenfinden, soll dieses Kapitel beschließen.

»Das genaue Jahr weiß ich nicht mehr«, schildert Mario, »jedenfalls aber geschah es anläßlich eines Herbsturlaubes in Ehrenburg in Südtirol, wo ich bei guten Bekannten eingeladen war. Eines Tages trat die Tochter des Gastgebers mit trauriger Miene an mich heran und sprach:

›Mario, kannst du mir nicht helfen? Weißt, mein Mann hat mir eine wunderschöne goldene Kette geschenkt, und diese Kette – ist einfach verschwunden! Was tu ich nur? Nicht auszudenken, was passiert, wenn dieser Verlust aufkommt. Bitte, lieber Mario, such mir die Kette mit dem Pendel.‹ So bat Christine. Und dies in den letzten Tagen vor meiner Abreise. Ich versuchte zwar, noch vorher zu einem Resultat zu kommen, allein es ergab sich nichts. Zu wenig Muße und Stille während des Packens und letzter Gespräche. Ich konnte mich der Sache nicht so stark widmen, wie es erforderlich gewesen wäre. Beim Abschied tröstete ich deshalb die junge Frau und sagte:
›Es tut mir leid, Christine, aber ich verspreche dir, daß ich ganz fest an deine Kette denken werde; sei beruhigt, es wird alles gut gehen.‹ Natürlich war das nur ein starker Wunsch. Und was geschah dann?
Ich war bereits wieder eine Woche an der Riviera. An einem ruhigen Tag nahm ich das Pendel wieder zur Hand. ›Goldene Kette, wo bist du?‹ fragte ich, ohne ein Resultat zu bekommen. Also ging ich zu Bett. Im Traum dann kam die Überraschung. Ich sah mich im 800 km entfernten Ehrenburg und begegnete Christine, die gleich auf mich einsprach:

›Mario, du hast mich scheint's ganz vergessen!‹
›Nein, nein, Christine, ich habe dich nicht vergessen. Ich werde dir jetzt genau beschreiben, wo die Kette liegt. Wenn du heraustrittst aus deinem Haus und gehst hinauf zu dem kleinen Sommerhäuschen, das Maria in der heißen Jahreszeit bewohnt ... Hörst du zu?‹ vergewisserte ich mich.
›Ja doch, rede weiter!‹ forderte Christine ungeduldig.
›Unterhalb des Häuschens befinden sich Steinstufen. Bei der zweiten im Hinaufsteigen liegt rechts ein abgesägter alter Baum, ein Apfelbaum, glaube ich. Der Stamm ist hohl und unter ihm findet sich Sand und Erde, verfaulte Äpfel und welke Blätter.
Darunter, etwa 50 bis 60 Zentimeter unter dem hohlen Stamm, liegt deine Kette.‹ Christine hüpfte vor Freude, ich aber sprach: ›Jetzt geh und sage es der Mutter. Dann sollt ihr beide hinaufgehen und suchen!‹
Das alles spielte sich in meinem Traum ab.
Was geschah in Ehrenburg?
Christine erwachte am Morgen, eilte schnurstracks die Treppe hinunter und rief:
›Mutter, Mutter, ich habe mit Mario gesprochen! Und ich weiß jetzt, wo die Kette ist!‹
›Was?‹ Die Mutter schaute die Tochter ungläubig an. ›Hast du mit ihm telefoniert?‹

›Nein, nicht telefoniert. Aber er hat es mir trotzdem gesagt. Er war heute nacht hier im Haus. Komm, laß uns hinaufeilen, nachher erkläre ich dir alles.‹

Die Mutter schüttelte nur den Kopf und murmelte:

›War im Haus? Hinaufeilen?‹

›Ja, ja, los, geh mit!‹ Christine eilte voraus und rief dabei: ›Droben unter dem Holzstumpen muß sie liegen!‹

Erregt stürmte nun auch die Mutter hinterdrein. Zu zweit wühlten sie unter dem hohlen Stamm. Und siehe da! Sie fanden die goldene Kette.

Und jetzt telefonierte Christine tatsächlich mit mir.

›Mario, wunderbar! Es hat genau gestimmt. Wir haben die Kette an der Stelle gefunden, die du mir im Traum angegeben hast.‹

Ich muß noch anfügen: Am Abend vor dem Traum hatte ich wie immer viel und lang gebetet. – Ich setze meine Fähigkeiten sonst nicht im materiellen Bereich ein, die ›Goldene Kette‹ war ein Einzelfall. Überdies zählt Auffinden – das gilt auch für Mensch und Tier – nicht zu meinem Wirkungskreis.«

Violas Heilung und der Krebskranken Schlaf

Bei jener Benachrichtigung Christines hatte Mario nicht nur als Empfänger, sondern auch als Sender funktioniert.
Zu solchen aktiven Phänomenen gehören auch seine zwei Erlebnisse »Violas Geistheilung« und ein hypnotischer Befehl, telepathisch übertragen an eine alte Frau.

»Meine Schwester Viola lebte in Trient«, berichtet Mario, »und ich selbst wohnte damals schon seit einigen Jahren an der Riviera. Einmal kam ich für zwei Wochen nach Südtirol, und da erfuhr ich, daß Viola, die unverheiratet war, als Patient im Spital sei.
Ich besuchte sie. Der Empfang war abweisend. Sie gab kalte Antworten. Da dachte ich mir, wenn Viola so garstig ist, dann muß sie etwas besonders drücken.
Viola war wegen eines Fußleidens eingeliefert worden. Die Operation lag bereits längere Zeit

zurück, doch die Wunde heilte einfach nicht. Alle Versuche der Ärzte brachten keinen Fortschritt.
Als ich aus ihrem Zimmer herauskam, dachte ich mir, die Viola ist bestimmt deshalb so ungut zu mir gewesen, weil ihre Wunde nicht heilt. Ich sollte ihr wohl etwas Gutes tun. Kurz zuvor hatte ich ein Seminar über Geistheilung besucht und beschloß daher, die jüngst erworbenen Kenntnisse zum erstenmal bei meiner Schwester anzuwenden. Schon am nächsten Tag reiste ich an die Riviera zurück und begann am selben Abend, mich um ihren Fall zu bemühen. Mein Ziel war, zu erreichen, daß sie zu Weihnachten mit geheiltem Bein wieder zuhause sein möge. Es war der 9. Dezember, als ich begann.
Ich verfuhr so: Da mir bekannt war, daß es sich um den rechten Fuß handelte, entnahm ich einer anatomischen Karte ein rechtes Bein und pauste es ab. Das Abgepauste legte ich auf den leeren Tisch, machte das Kreuz und sprach:
›Herrgott, du weißt, ich habe Viola besucht. Sie ist voller Sorge um ihr Bein. Bitte hilf mir! Ich habe es ihr aber nicht gesagt, daß ich dich bitten werde.‹ Und dann legte ich meine Hand auf das Bild mit dem Bein. Dabei dachte ich ganz fest an die Wunde und wie sie sich langsam schloß. Die Unterfläche meiner Hand, die vorher normal warm gewesen, fühlte sich plötzlich fast heiß an.

Jetzt schloß ich die Augen und verharrte so einige Minuten. Dieses Vorgehen setzte ich neun Tage lang fort. Warum gerade neun? Ich weiß es nicht. Es war einfach das Gefühl da, bis 18. Dezember machst du das.

Kurz vor Weihnachten kam ein Brief von Viola:

›*Lieber Mario*‹, schrieb sie, ›*ich weiß nicht, was geschah, und ich weiß auch nicht, warum ich dir dieses schreibe. Aber ich fühle den Drang, dir das mitzuteilen. Denke dir, die Wunde ist verheilt! In den Tagen nach deinem Besuch begann die Veränderung. Alle Tage wurde es ein bißchen besser und jetzt, jetzt bin ich bereits zuhause und das Bein ist zu. Der Arzt hat gesagt, ›da hat jemand geholfen! So was hätte ich nie für möglich gehalten, so schnell mit einem Mal diese Abheilung.‹*

Auch später habe ich Viola gegenüber nie erwähnt, daß ich etwas unternommen habe. Ich wollte nicht, daß sie sich hätte dafür dankbar zeigen müssen. Es war ein Geschenk. Ich habe mein Herz dazugetan, doch geschehen ist es allein durch Gottes Gnade. Solche Fälle gab es des öfteren.

1982 lebte ich in Kaltern/Südtirol im Altersheim. Eines Tages war ich bei einer Familie zu Besuch. Im Verlauf der Gespräche erfuhr ich, daß die

Großmutter an einer schweren und aussichtslosen Krebserkrankung leide und daß sie, was am schlimmsten für sie sei, nachts vor Schmerzen nicht mehr schlafen könne.

Als ich abends wieder zuhause in meinem Zimmer war, dachte ich, ich will etwas für die arme Oma tun.

So betete ich lange für die alte Frau. Danach stellte ich mir ihren Kopf vor und hielt meine Hand darüber. Langsam sprach ich:

»Du wirst müde, Oma, ganz müde und schläfrig. Und du schläfst nun – es ist 21 Uhr – ein und sinkst in einen tiefen Schlaf. In dem bleibst du bis morgen früh um 8 Uhr. Du schläfst tief und fest.« Das wiederholte ich einige Male und schloß daran nochmals das Gebet.«

Einige Zeit später kam Mario wieder mal an dem betreffenden Haus vorbei und erkundigte sich nach dem Befinden der kranken Oma. Man teilte ihm mit, daß sie weiterhin todkrank darniederliege.

›Aber denk dir, Mario‹, fuhr die Tochter fort, ›seit deinem letzten Besuch schläft sie gut. Immer zur gleichen Zeit, um 21 Uhr, schläft sie ein und erwacht fast pünktlich um 8 Uhr in der Frühe.‹

Besuch aus Deutschland

Nun noch ein letzter Fall von Marios Wirken – er betrifft mich selbst. Ich war sechzig und litt seit zehn Jahren an Schmerzen im rechten Unterbauch. Als Landtierarzt mit über dreißig Berufsjahren besaß ich nicht nur einschlägige Kenntnisse, die ich durch das Studium humanmedizinischer Literatur ergänzte, sondern ich konsultierte auch einen Freund und meinen Schwager, beide Internisten, dazu noch den Urologen und den Chirurgen. Alle Diagnosen ergaben keinerlei Befund. Nur der Chirurg meinte, er würde den Blinddarm entfernen, dann wäre ich wieder in Ordnung. So schien es denn auch. Aber nach einiger Zeit setzten mir die gleichen Schmerzen wieder derartig zu, daß es nicht zum Aushalten war. Nach Monaten des »Auf-die-Zähne-Beißens« war mir klar, jetzt gibt es nur noch entweder eine diagnostische Operation, also großer Schnitt und reinschauen, was sich da abspielt oder meinen Freund Mario aufsuchen.
Und so startete ich zu einem Blitzbesuch – ich war damals noch berufstätig – nach Südtirol.

Aber darüber lassen wir nun Mario selbst berichten.

»Ich habe einen Freund in Deutschland. Vor einigen Jahren besuchte er mich. Er kam nach Kaltern, denn dort lebte ich damals in einem Altersheim. Der Besuch freute mich sehr, doch der Freund war sehr in Sorge um seine Gesundheit. Seit längerer Zeit plagten ihn immer bedrängender werdende Schmerzen im Unterleib. Er vertraute mir das an. Ich fühlte, daß er darunter litt. Wir verbrachten den Abend zusammen, aßen in einer Gaststube, wo er auch übernachtete. Am nächsten Morgen fuhr er wieder heim. Als ich später am Abend wieder in meinem Zimmer im Heim war, beschäftigte mich diese Sorge meines Freundes und ich rief – wenn man so sagen darf – die andere Seite an. Ich betete und bat den Himmel, er möchte eingreifen. Und dann habe ich mir auf meinem Tisch den ganzen Körper des Freundes vorgestellt. Nach und nach fiel immer mehr von diesem weg, bis zum Schluß nur noch der Teil übrigblieb, aus welchem der Schmerz kam. Und dorthin ließ ich die ganze Kraft – so, wie wenn ich ein echter Bruder von ihm wäre – mit Liebe wirken. Dann legte ich die Hand darauf und fuhr von links nach rechts und von rechts nach links über die Stelle. Dabei habe ich bemerkt, daß nach einigen Minuten das Innere meiner linken Hand warm wurde. Wie eine Spirale fühle ich solch eine Wärme – und sonst habe ich immer eine kühle Hand. Zwölfmal fuhr ich langsam über die kranke Stelle, die ich nicht aus meinem inneren Auge ließ. Während dieser Zeit betete ich ununterbrochen, so gut ich es vermochte. Es war ein eigenartiges Gebet. Es fing nicht an mit Psalmen und hörte nicht auf mit »Gloria«, sondern es geriet zu einem Gespräch. Ich brachte meine Bitte vor, wie ein Kind seiner Mutter eine Bitte vorträgt. Ich sagte: ›Lieber Herrgott, wenn du es gut meinst mit diesem Menschen, dann bewirke bitte, daß dieser Schmerz schwindet.‹

Ich betete und hatte plötzlich das Gefühl, es wird gut. Kein Zweifel! Und hätte die ganze Welt ›nein!‹ gesagt, so hätte ich geantwortet: ›Gut, wir werden sehen. Aber ich – bin sicher.‹

Ich teilte meinem Freund daher am nächsten Morgen mit:

›Du brauchst keine Besorgnis mehr haben. Es wird ab jetzt besser werden, und in kurzer Zeit wirst du von dem ganzen Leiden nichts mehr spüren. Es ist nichts Schlimmes, und alles wird wieder gut werden.«

Soweit Mario.

Schon früh erwacht hatte ich mit Spannung auf das Resultat meines Freundes gewartet. Da ich ihm so vertraute, wie man nur überhaupt einem Menschen vertrauen kann, nahm ich seinen Befund mit der Aussicht auf Gesundung mit großer Freunde und Dankbarkeit entgegen, wenngleich die Schmerzen mir weiterhin ordentlich zusetzten. Jedoch bereits im Verlaufe des Heimreisetages vermeinte ich eine kleine Erleichterung zu spüren. Diese positive Tendenz hielt auch in den folgenden Wochen an und nach Ablauf eines Monats hatten die Schmerzen ganz aufgehört.
Vielleicht ist noch zu sagen, daß ich weder vor meinem Besuch noch danach behandelt wurde und auch keinerlei Medikamente einnahm.

Der Mann in Ligurien

Mario lebt heute wie ehdem zurückgezogen in der Stille. Seine zwei kleinen Renten aus Kriegsversehrtheit und Sozialversicherung ermöglichen ihm ein bescheidenes Fortkommen. Alles, was er besitzt, vom Anzug bis zur Kaffeemaschine, hat er geschenkt bekommen. Er konnte zwar nie Mönch werden, verbringt aber sein Dasein in seiner gesamten Lebenshaltung wie ein Mönch. Und er sagt von sich, daß er noch nie einen Menschen getroffen habe, mit dem er hätte tauschen wollen. Zu seinen Lebensprinzipien gehören folgende Sätze:

Jeden Menschen als eigenen Vater oder eigenen Bruder sehen, jeden als eigene Mutter oder eigene Schwester, denn das Wichtigste im Leben ist das Mitgefühl für andere.

Seinem Mitmenschen beistehen, ohne zu schauen, ob er es verdient.

Eine Freude miteinander teilen, ist bestimmt schön. Aber Leid miteinander teilen, ist besser. Dem anderen etwas von dem schweren Gewicht auf seinen Schultern abnehmen, das ist wohl das größte Geschenk, das man ihm machen kann.

Der Reflex zur Vergeltung sitzt tief im Blut und das Maß der eigenen Verletzung wird überschätzt. Ich bin nicht Richter. Ich muß lernen, dem Zorn in den Arm zu fallen. Das ist schwer.

Nicht weinen, sondern beten!

Gott macht keine Fehler! Daher ist es weise, alles was kommt, anzunehmen. Anzunehmen als das uns von ihm Zugemessene.

Mario, der Grenzgänger, Mario, der Mann in Ligurien, stellt uns vor eine Wirklichkeit, zu deren Wahrnehmung wir nicht fähig sind. Unser Verstand wehrt sich gegen diese Welt, zu der er keinen Zugang hat. Doch, und das gilt es zu bedenken, selbst die anerkanntesten Wissenschaftler postulieren, daß die Welt nicht dort endet, wo unsere Kenntnis von ihr aufhört. Was hinausgeht über die Einfach-Erfahrungen unserer fünf Sinne, das ist Marios Land. Ihm, dem die Weisheit eines Kindes gewährt ist, sind Wechsel in eine andere Dimension, in ein übergeordnetes geistiges Reich, Alltagserfahrung geworden.

Weltverständnis beinhaltet Unerklärtes – und dazu gehört, das in einer noch unverstandenen Wirklichkeit angesiedelte nicht zu verspotten, sondern sich ihm zu nähern. Denn ist nicht jeder von uns ein Tropfen im Ozean der Geheimnisse...

Auf dem Erdenrund . . .

Wo die Logik endet, beginnt das Unbegreifliche. So konnte und wollte dieses Buch nichts beweisen. Es sollte wahrheitsgemäß berichtet werden. Der Sinn dieser Publikation, um es nochmals hervorzuheben, liegt allein darin, Nachdenklichkeit zu erzeugen. Darüber hinaus bleibt es jedem unbenommen, aus Marios Leben, Glauben und Denken, seine Folgerungen zu ziehen.

Viel Schicksalhaftes, liebe Leser, drang aus diesen Seiten auf Sie ein. Daher möchte sich Mario mit einer aufmunternden Mahnung und einem Quäntchen Humor von Ihnen verabschieden.

»Seid ihr nicht alle viel zu ernst?« fragt er und gibt zu bedenken: »Mit solchen kann man im Himmel nichts anfangen – da wird selbst der Herrgott traurig!«

Auch heute noch zieht Mario auf nächtlichen Wegen durchs Land ohne Zeit und Ort. Jahr für Jahr wandelt er durch das Dorf der himmlischen Hügel. Er ist einer von jenen »heiligen« Männern, um die Gott den Arm legt – und die in tiefer Bescheidenheit unter uns weilen. Nur wenige solche gibt es auf dem Erdenrund . . .

Inhalt

Für jene, die Mario schreiben wollen, hier seine Adresse:

Mario Borgogno
Casella postale 10
I – 18017 San Lorenzo

Der gesamte Erlös aus diesem Buch wird vom Autor mit Marios Zustimmung der Missionszentrale der Franziskaner (Ordensregel: In selbstgewählter Armut leben, mitten unter den Ärmsten unserer Welt) zur Verfügung gestellt.